Kräsch! Bum! Bäng! 2

Olaf Satzer

Band 2 der Schlagzeugschule für Kinder

mit CD zum Mitspielen

mit Beat Box- und Rap-Übungen

ab 6 Jahren
leicht verständlich
für Drumset

Olaf Satzer, Jahrgang 1970, ist aktiver Live- und Studioschlagzeuger für diverse internationale und nationale Künstler sowie für zahlreiche Musicalproduktionen.

Als Schlagzeuglehrer an einer privaten Musikschule in Bremerhaven kann er auf langjährige Erfahrungen in der Arbeit mit Kindern zurückblicken.

www.olaf-satzer.de

alfredmusic.de

Alle Rechte vorbehalten
© 2005 / Renewed 2019 by Alfred Music Publishing GmbH
Printed in Germany

Covergestaltung: Olaf Satzer/Thomas Petzold
Fotonachweis: Heiko Uehlecke, Bremerhaven
Hand und Fuß: Lea Schlüter, Bremerhaven
Hi Hat- und Snaremodell: Musikhaus Steiner, Bremerhaven
Tonaufnahmen: Matthias Strass, Hamburg;
　　　　　　　Jendrik und Jonas Strass, Loxstedt;
　　　　　　　Candy Station, Bremerhaven
Rap- und Beat-Box: Dan Castel, Bremen
Notensatz: Olaf Satzer
Lektorat & Redaktion: Thomas Petzold
ISBN-10: 3-933136-28-8
ISBN-13: 978-3-933136-28-2
Bestell-Nr. 20114G

Hol dir auch die anderen Bände zu: Kräsch! Bum! Bäng!

Kräsch! Bum! Bäng! – die Schlagzeugschule für Kinder ab 6 Jahren – besteht aus insgesamt vier Bänden:

Band 1
ISBN: 978-3-943638-21-3

Band 2
ISBN: 978-3-933136-28-2

Band 3 Intensiv
ISBN: 978-3-933136-97-8

Band 4 Drum Play-alongs
ISBN: 978-3-933136-36-7

Band 1 mit Audio-CD!

Intensiv mit Audio-CD!

Weitere Infos auf:
www.kraesch.de

Play-alongs mit CD!

Kräsch! Bum! Bäng! gibt es auch **für Cajòn**:

Cajòn für Kinder
Die kinderleichte Cajònschule (für Kinder ab 6 Jahren)
ISBN: 978-3-943638-67-7

Heute hau'n wir auf die Kiste!
Das Kinderlieder-Spielbuch für Cajòn
ISBN: 978-3-943638-38-7

Inhaltsverzeichnis

Lieber Schlagzeuglehrer, Liebe Eltern 4
Hallo, Nachwuchs-Schlagzeuger 5
Die Instrumente und ihre Noten 6
Die Sechzehntel 7
    Schokotorte - Die Sechzehntelnote 8
Kleines Quiz Nr. 1 14
Der Faulenzer 16
Sechzehntel auf der Hi Hat 18
    Sechzehntel auf der Hi Hat - einhändig 19
    Sechzehntel auf der Hi Hat - beidhändig 21
Kleines Quiz Nr. 2 23
Schlagzeug-Solo #1 (einhändig) 24
Schlagzeug-Solo #2 (beidhändig) 25
Der Akzent (Betonungszeichen) 27
    Übungen mit Akzenten 28
    Was du mit Akzenten alles machen kannst 30
Fläm - der Flam 32
    Übungen mit Flams 33
    Das Wiederholungszeichen 36
Pfannkuchen und Eieruhr -
zwei neue Sechzehntel-Figuren 36
Kleines Quiz Nr. 3 41
Schlagzeug-Solo #3 42

Grooves 43
    Übungen 44
Die offene und getretene Hi Hat 49
    Zss - die offene Hi Hat 50
    Zip - die getretene Hi Hat 54
Kleines Quiz Nr. 4 59
Schlagzeug-Solo #4 60
Klick - der Rim Click 61
    Übungen 62
Die Sechzehntelpause 64
    Übungen 65
Kleines Quiz Nr. 5 67
Schlagzeug-Solo #5 68
Anhang 71
    Die Notenpyramide 72
    Noten und Pausen 73
    Das Kräsch! Bum! Bäng!-Lexikon 74
    Die Lösungen 75
    Bilder zum Ausmalen 80

Liebe Schlagzeuglehrer, Liebe Eltern!

"**Kräsch! Bum! Bäng! 2**" beginnt dort, wo der erste Band aufgehört hat. Nahtlos wird an das bisher Gelernte angeknüpft. So soll auch in diesem Band auf verständliche Weise der Zugang zu neuen, teilweise auch schon komplexeren Rhythmen ermöglicht werden. Wesentlicher Bestandteil ist dabei, dass der Schüler in kleinen Schritten an die neuen Grooves herangeführt wird.

Diese Methode, die einzelnen Rhythmen in ihre Bestandteile zu "zerlegen", hat sich bereits im ersten Band bewährt. Der Schüler kann sich langsam einer Übung nähern und auf diese Weise deren Aufbau nachvollziehen und verstehen.

Wie auch im ersten Band, spielt die Lautsprache wieder eine wichtige Rolle. So sind im vorliegenden Band 2 einigen Notenfiguren bestimmte Wörter zugeordnet, deren Sprachrhythmus den Übungen auf dem Schlagzeug entsprechen. Das ermöglicht dem jungen Trommler, sich diese Übungen auf zwei Arten zu erarbeiten.

Zum einen auf die herkömmliche Weise, durch das **Mitzählen**.

Zum anderen durch das **Mitsprechen** der verschiedenen Wörter.

Meine langjährige Unterrichtserfahrung hat gezeigt, dass das rhythmische Sprechen den Schüler dabei unterstützt, sich in der - in den Augen der Kinder - oftmals abstrakten Welt der Noten leichter zurechtzufinden. Kann er eine Übung bereits rhythmisch sprechen, fällt es ihm wesentlich leichter, sie anschließend auch am Schlagzeug zu spielen.

Zudem knüpft diese Methode auch an den heutigen Hörgewohnheiten der Schüler an, die mit Musik wie **Rap**, **Hip Hop** und **Beat Box** aufwachsen.

Auf der **beiliegenden CD** finden sich einige dieser gesprochenen Übungen wieder. Diese zeitgemäße Umsetzung im Rap- bzw. Beat-Box-Stil macht den Schülern großen Spaß und motiviert sie, sich mit den Übungen zu beschäftigen.

In "**Kräsch! Bum! Bäng! 2**" steht also weniger die trockene Musiktheorie im Vordergrund, die den Schüler oftmals überfordert. Vielmehr soll ihm durch verschiedene Techniken (z.B. Dynamik, verschiedene Spielweisen der einzelnen Instrumente) gezeigt werden, dass das Schlagzeug akustisch vielfältige Möglichkeiten bietet. Das fördert die Phantasie, die Kreativität und nicht zuletzt den Spaß, den der Schüler beim Üben braucht.

Viel Spaß und Erfolg wünsche ich mit:
"**Kräsch! Bum! Bäng! 2**"!

Hallo, Nachwuchs-Schlagzeuger!

Klasse, dass du immer noch so viel Spaß am Trommeln hast. Es ist eine ganz tolle Leistung, dass du den ersten Band von „Kräsch! Bum! Bäng!" bereits durchgearbeitet hast und nun alles spielen kannst, was darin enthalten war.

Jetzt geht es weiter mit dem zweiten Band. Hier wirst du auf einige neue Dinge stoßen, die dir sicher wieder viel Spaß machen werden. Du wirst neue Noten und neue Zeichen kennen lernen. Außerdem wirst du lernen, wie du durch ein paar neue Techniken erreichst, dass dein Schlagzeugspiel noch toller und abwechslungsreicher klingt.

All das kannst du am Ende jedes Kapitels in einem Schlagzeugsolo ausprobieren und deinen Eltern und Freunden vorspielen.

Wie im ersten Band, kannst du dir auch hier wieder alle Übungen auf der beiliegenden CD anhören. Einige davon sind als Rap- oder Beat Box-Version aufgenommen. Du hast also die Möglichkeit, sie nachzusprechen und auf das Schlagzeugset zu übertragen.

Dabei wünsche ich dir viel Spaß und viel Erfolg!

Die Instrumente und ihre Noten

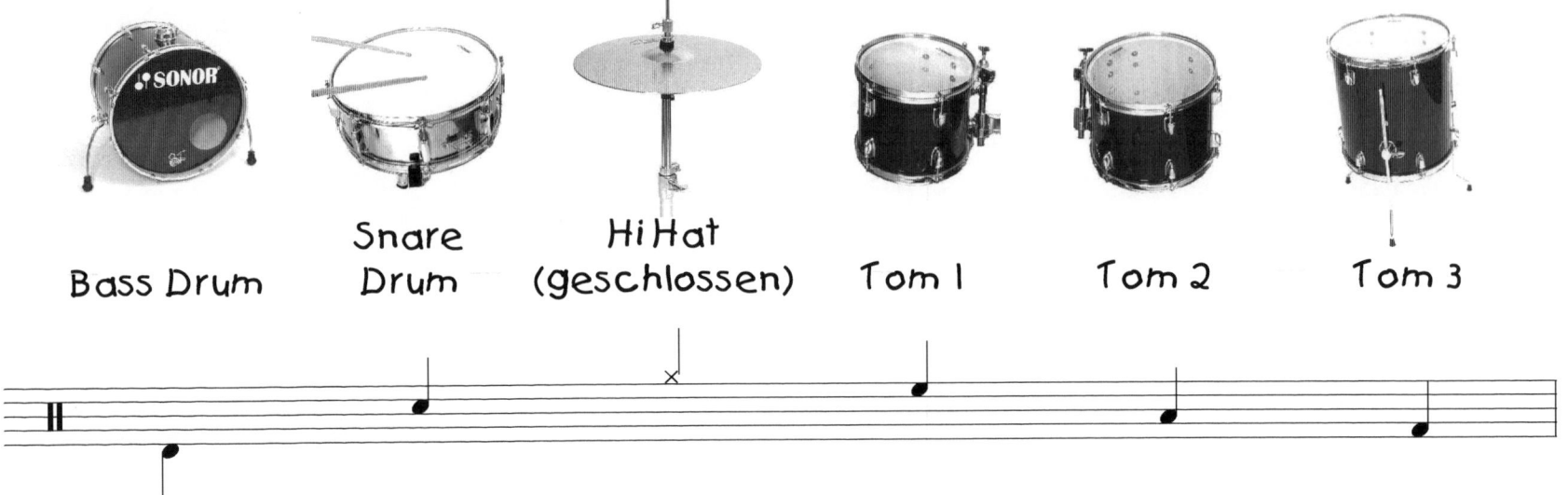

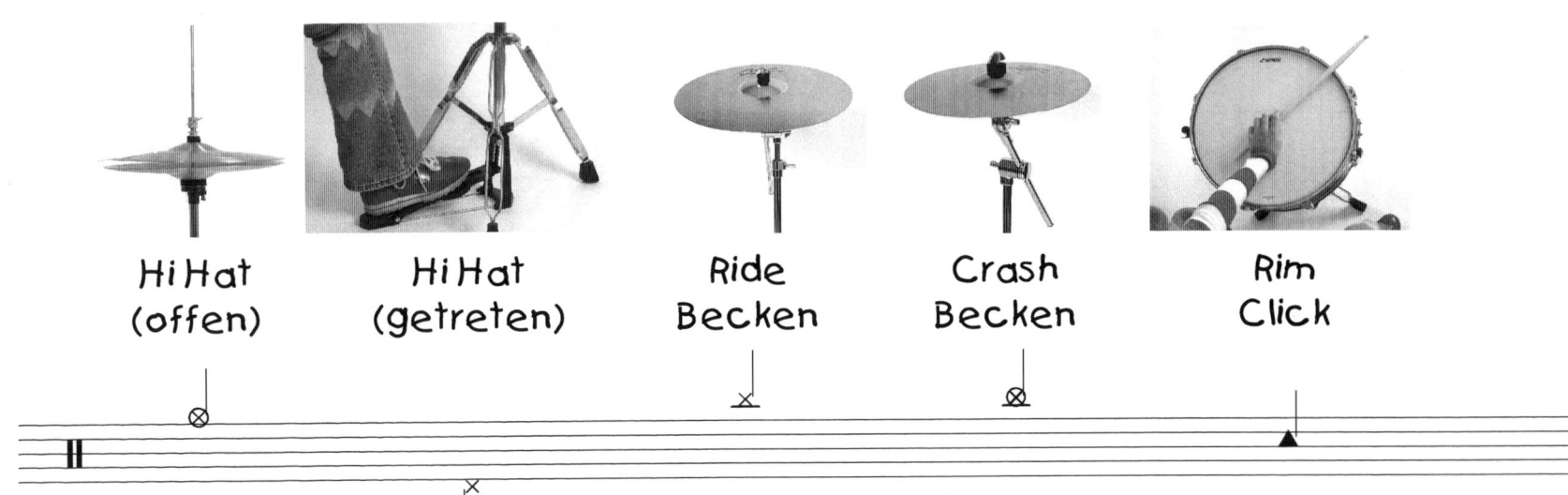

Die Sechzehntel

Schokotorte - die Sechzehntelnote

Gleich zu Beginn des 2. Bandes lernst du einen neuen Notenwert kennen: **die Sechzehntel Note**. Du erkennst sie an den **zwei Fähnchen** bzw. **zwei Balken** am oberen Ende ihres Halses (eines mehr als bei der Achtel Note). Um einen ganzen Takt auszufüllen, braucht man sechzehn Sechzehntel Noten.

Die Sechzehntel

*Die Sechzehntel besteht aus einem runden, schwarzen Notenkopf mit Notenhals und **zwei Fähnchen**.*

Stell dir eine Schokotorte vor, die nun in sechzehn gleich große Teile geschnitten ist.

Die Sechzehntel Noten zählst du so:

Eins - e und a zwei - e und a drei - e und a vier - e und a

Das ist am Anfang vielleicht ein wenig ungewohnt, aber du wirst merken, dass du dich nach ein wenig Übung schnell darauf einstellen kannst. Auch wenn du gleich von Beginn an *immer mitzählen* solltest, kannst du - anstatt zu zählen - auch die Wörter mitsprechen, die über die Noten geschrieben sind: Für die Sechzehntel das Wort „*Schokotorte*".

Versuche am besten beides: erst zählen, dann mitsprechen. Du wirst schnell merken, was dir besser gefällt.

Schokotorte

Kräsch! Bum! Bäng! 2

Eiskrem - die Achtel Note

Diese Übung enthält nur Achtel Noten. Du kannst wieder zählen oder sprechen. Beim Zählen solltest du ab jetzt aber immer auch schon die Sechzehntel Noten mitzählen. Das heißt, dass du zwischen „ein" und dem „und" noch das „e" zählen musst. Nach dem „und" dann noch das „a". Falls du lieber die Wörter mitsprichst, nimm für die Achtel Noten das Wort *„Eiskrem"*.

Die Schokotortenübung

Dies ist deine erste Übung mit Sechzehntel Noten. Zähle alle Sechzehntel Noten mit und spiele sie gleichmäßig **abwechselnd** mit der **rechten und der linken Hand** (*Linkshänder beginnen mit links*).

Bevor du die Übungen spielst, höre sie dir zunächst auf der CD an und sprich sie mit.

Die Sechzehntel 9

Eiskrem und Schokotorte

Übung 3 besteht aus Achtel und Sechzehntel Noten. Wenn du hier gleich von Anfang an alle Sechzehntel Noten mitzählst, wirst du merken, dass dir der Übergang vom ersten in den zweiten Takt nicht schwer fällt.

Eiskrem - Schokotorte

Nun eine Übung, in der Achtel und Sechzehntel Noten auch innerhalb eines Taktes gemischt werden. Wichtig ist, dass du wieder schön gleichmäßig mitzählst oder mitsprichst.

Schokotorte - Eiskrem - Saft

In den Übungen 5 bis 7 kommen neben den Achtel und Sechzehntel Noten auch Viertel Noten und Viertel Pausen vor, die dir ja bereits aus dem I. Band vertraut sind ...

Zähle oder sprich wieder gleichmäßig mit, damit du auch die Viertel Noten auf den richtigen Zählzeiten spielst.

Falls du lieber die Wörter benutzt, verwende für die Viertel Noten das Wort „Saft".

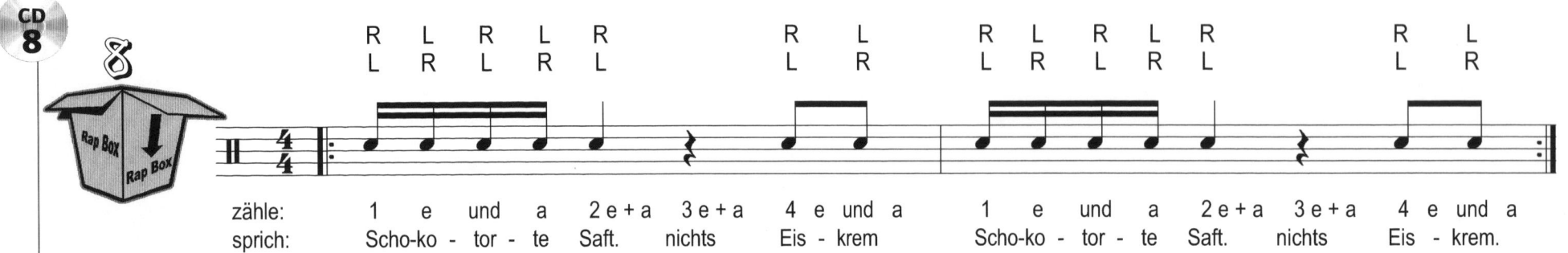

Übung 9
Jetzt kommt die Bass Drum dazu ...

Übung 10
... und nun die Toms.

Kräsch! Bum! Bäng! 2

Übung 11 - 12

... und nun die Toms auch mit Achtel Noten.

Die Sechzehntel

Kleines Quiz 1

A. Trage in die zwei leeren Takte Sechzehntel Noten auf der Notenlinie für die Snare Drum ein:

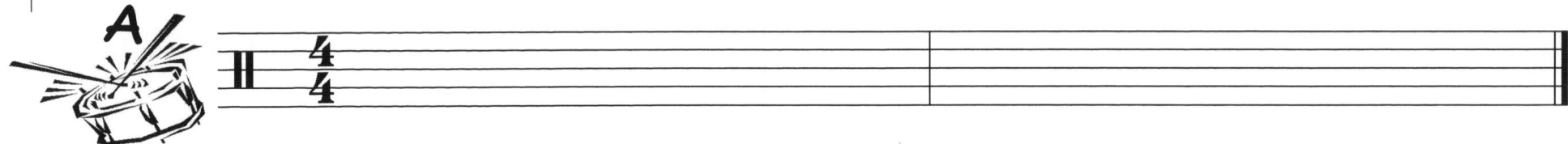

B. Wie zählst du Sechzehntel? Trage Zahlen und Wörter ein:

C. Höre dir auf der CD die Titelnummer 13 an und versuche hier aufzuschreiben, was du gehört hast. Ein kleiner Tipp: es sind Sechzehntel und Achtel Noten!

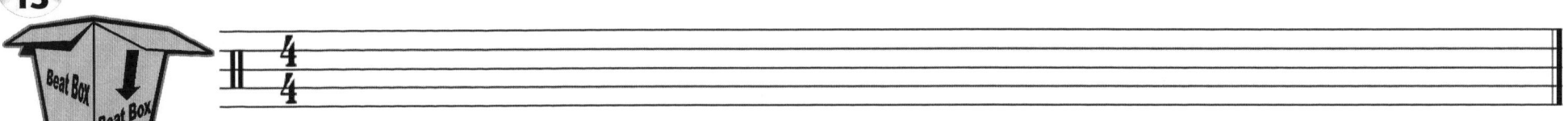

Ob Du alles richtig gemacht hast, siehst Du im Lösungsteil auf der Seite 75.

Der Faulenzer

Der Faulenzer

Der Faulenzer ist ein Zeichen für Taktwiederholungen. Es bedeutet, dass der vorangegangene Takt wiederholt werden soll. Sein Name rührt daher, dass sich Notenschreiber und Leser viel Arbeit ersparen, indem sie sich mit nur einem Zeichen verständigen.

Der Faulenzer

Dieses Zeichen zeigt an, dass der vorangegangene Takt wiederholt wird.

Und so geht's:

Im folgenden Beispiel siehst du zwei Faulenzer. Einen im zweiten und einen im dritten Takt. Das bedeutet, du wiederholst die Achtel Noten auf der Hi Hat (Zick) im ersten Takt zunächst ein Mal im zweiten als auch ein weiteres Mal im dritten Takt. Du spielst den ersten Takt also drei Mal, bevor du dann den vierten Takt mit den Viertel Noten auf der Snare Drum (Tschak) spielst.

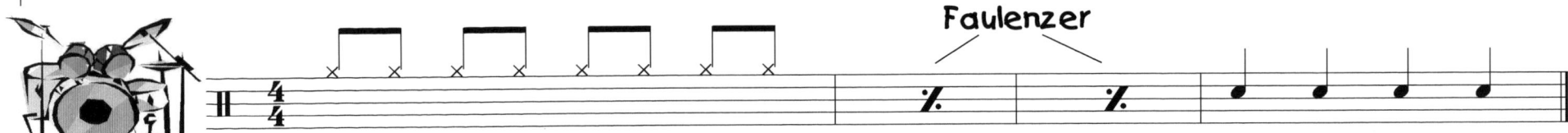

Übung 13 - 16

In den Übungen 13 bis 16 spielst du den ersten Takt also nun jeweils drei Mal. Anschließend dann den vierten Takt, in dem du Achtel und Sechzehntel Noten auf der Snare Drum und auch auf den Toms spielen sollst. Zusätzlich steht jede Übung noch zwischen den Wiederholungszeichen, die dir bereits bekannt sind. Das bedeutet also, dass du jede dieser Übungen wiederholen sollst.

Kräsch! Bum! Bäng! 2

Sechzehntel auf der Hi Hat

Du kannst Sechzehntel natürlich auch auf der Hi Hat spielen, und zwar auf zwei verschiedene Arten:

1. nur mit einer Hand

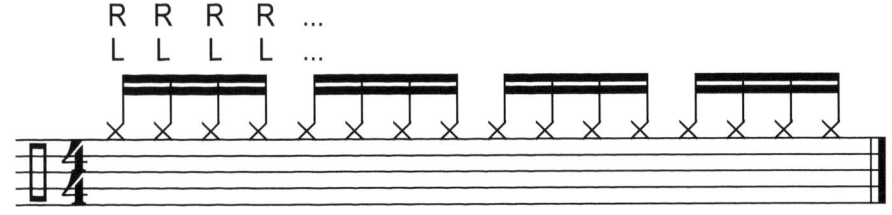

R-R-R-R
Rechtshänder beginnen mit rechts,
Linkshänder mit links

2. abwechselnd rechte und linke Hand

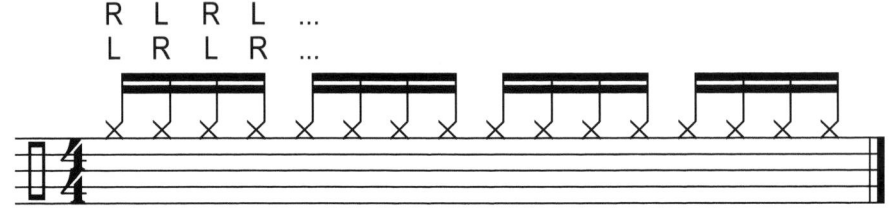

R-L-R-L
Die rechte Hand beginnt. Dann im Wechsel
links - rechts und so weiter.
L-R-L-R
Linkshänder beginnen mit der linken Hand.

Sechzehntel Hi Hat einhändig

Spiele die Sechzehntel Noten auf der Hi Hat zunächst nur mit einer Hand.
Zu Beginn eine Hi Hat-Übung. Zähle oder sprich wieder gleichmäßig mit.

Jetzt kommt die Bass Drum hinzu.

Nun Hi Hat und Snare Drum zusammen.

Und nun Hi Hat, Bass Drum und Snare Drum zusammen in einer Übung. Die Hi Hat spielst du mit der rechten Hand, die Snare Drum mit der linken (Linkshänder andersherum).

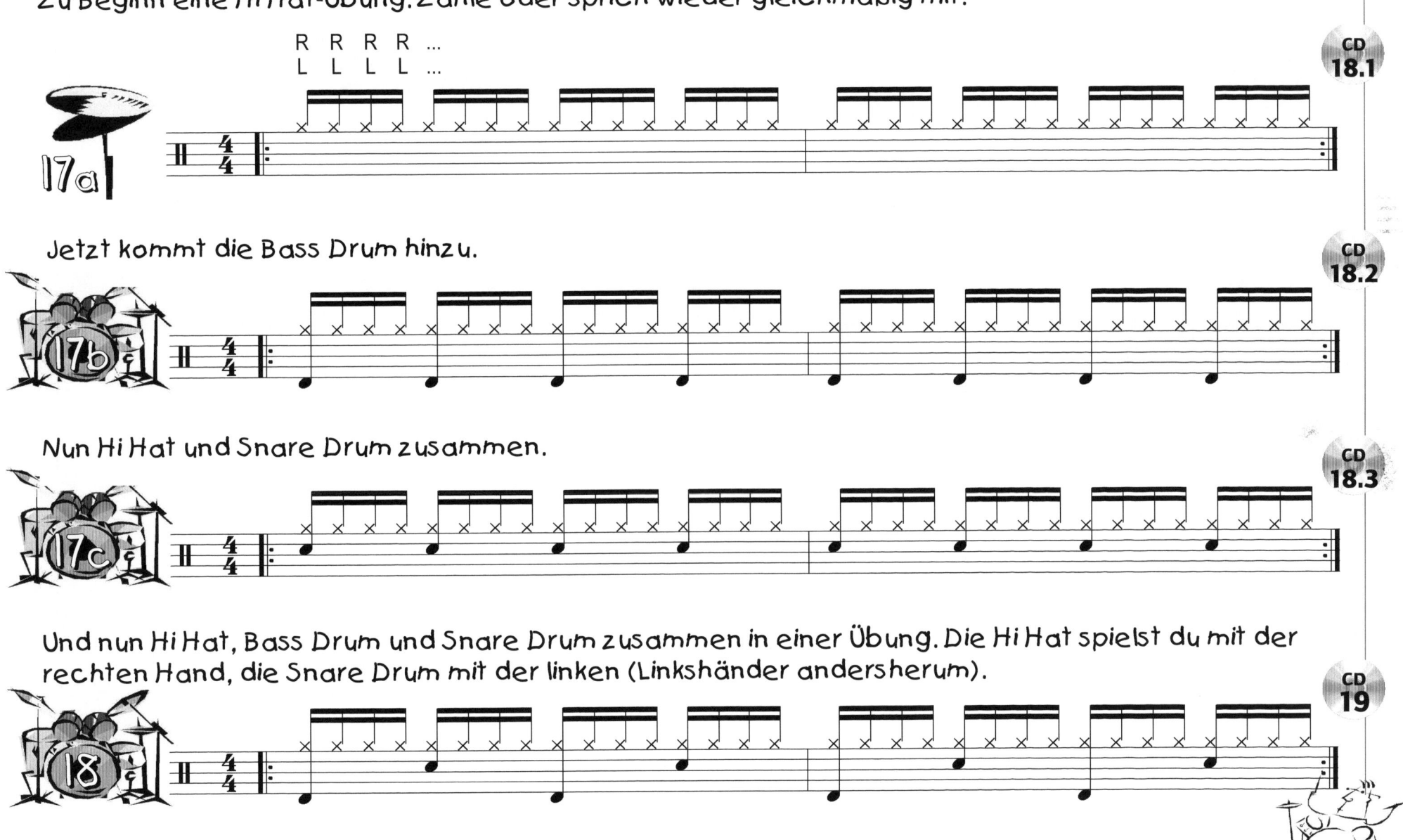

In den Übungen 19-21 kommt wieder der Faulenzer vor. Jede Übung besteht also wieder aus vier Takten, die du zusätzlich noch wiederholen musst. Spiele die Hi Hat weiterhin mit einer Hand.

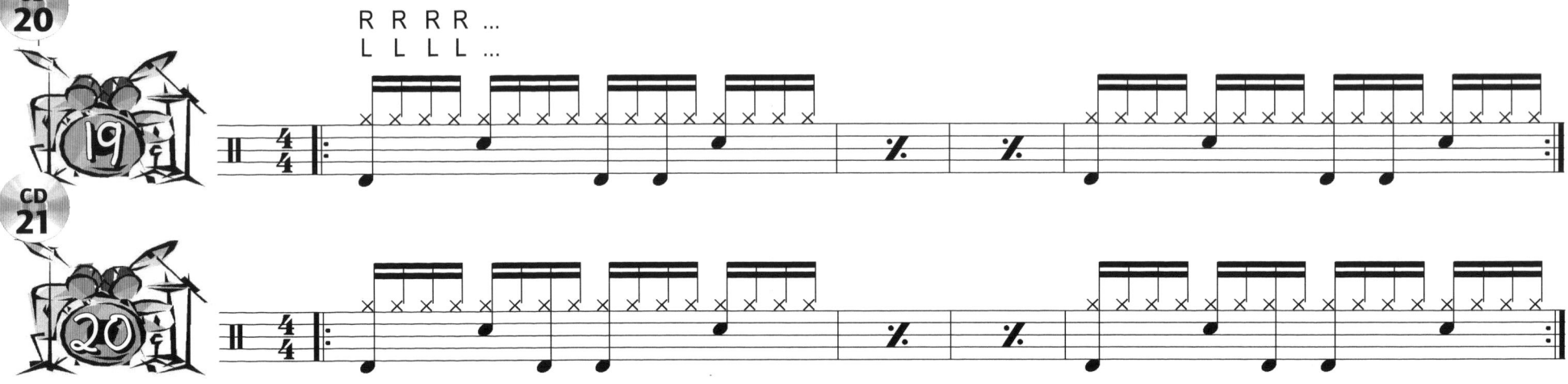

In den folgenden beiden Übungen spielst du im vierten Takt ein Fill-in. Vergiss nicht, die Übungen zu wiederholen.

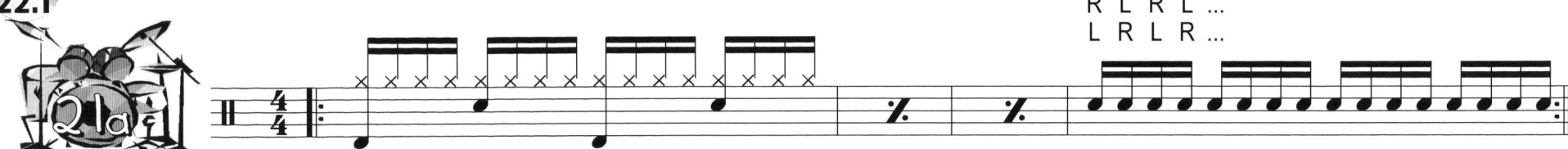

Dieser Fill-in besteht aus Achtel und Sechzehntel Noten. Denk also daran, schön gleichmäßig mitzuzählen, oder mitzusprechen.

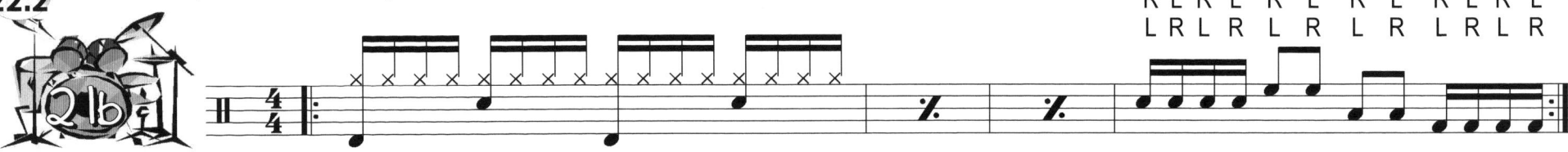

zähle: 1 e und a ...
sprich: Scho-ko- tor- te ...

Scho-ko-to-rte Eis-krem Eis-krem Scho-ko-to-rte

Sechzehntel Hi Hat beidhändig

Jetzt folgen Übungen mit der beidhändig (R-L-R-L) gespielten Hi Hat. Rechtshänder beginnen mit rechts, Linkshänder mit links. Zunächst nur die Hi Hat:

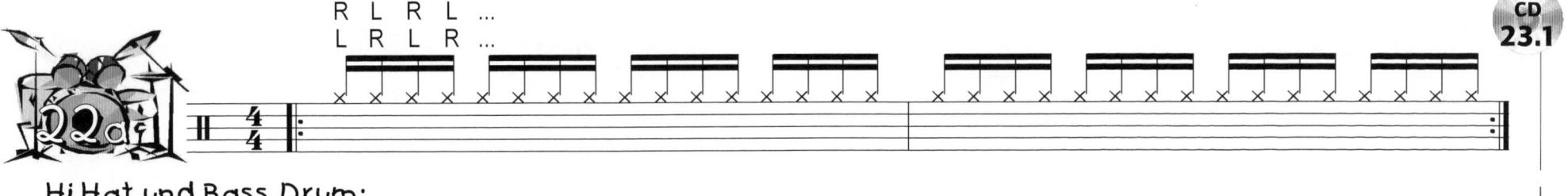

Hi Hat und Bass Drum:

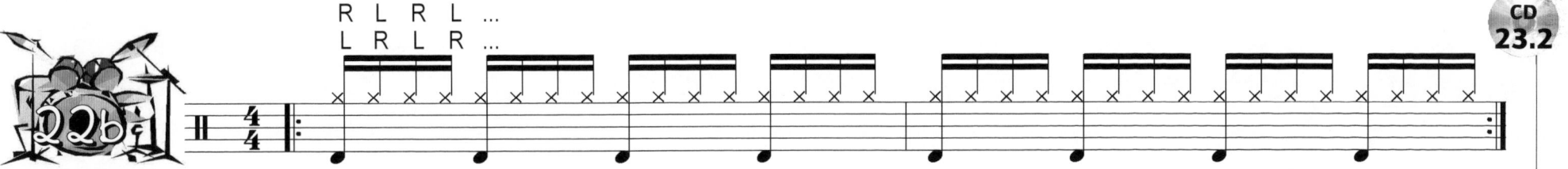

Hi Hat und Snare Drum. Achtung: Die Snare Drum mit der rechten Hand (Linkshänder: linke Hand).

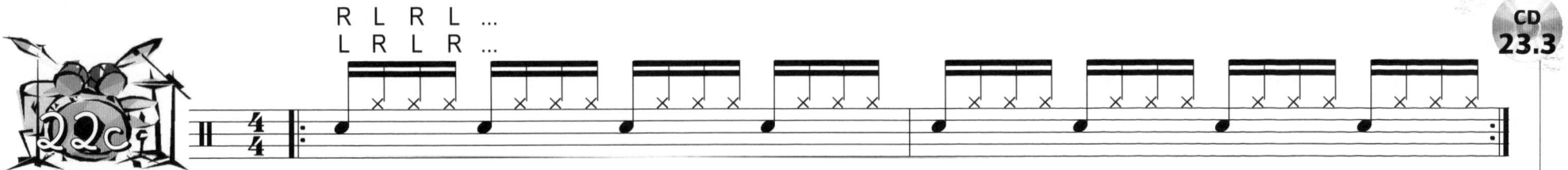

Und nun ein kompletter Groove (Rhythmus) mit Hi Hat, Bass Drum und Snare Drum. Snare wieder mit der rechten Hand (Linkshänder mit der linken Hand).

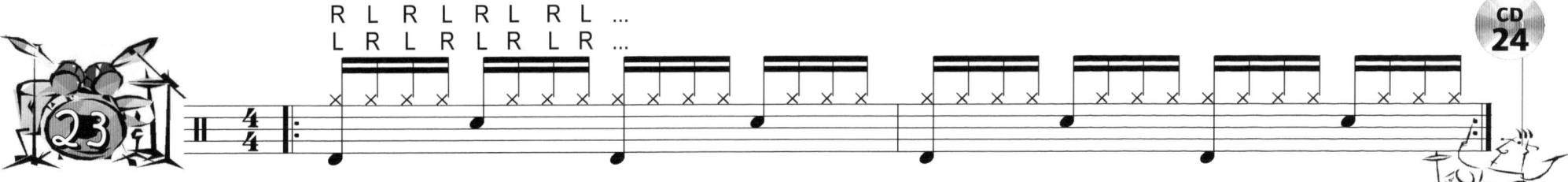

Auch hier soll die Hi Hat abwechselnd mit beiden Händen gespielt werden.

Und nun Übungen mit Faulenzern und Fill-ins.

Kleines Quiz 2

A. Trage hier Sechzehntel Noten auf der Notenlinie für die Hi Hat ein:

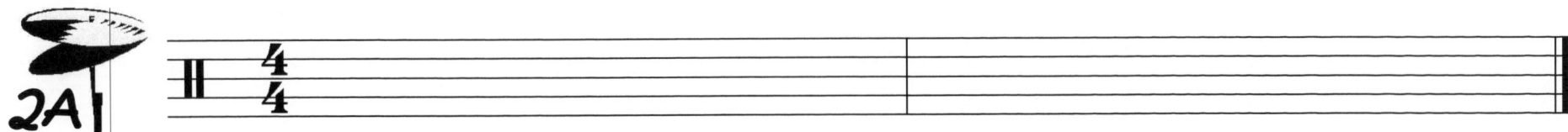

B. Hier soll der erste Takt zweimal wiederholt werden. Trage jeweils einen Faulenzer in die beiden leeren Takte ein.

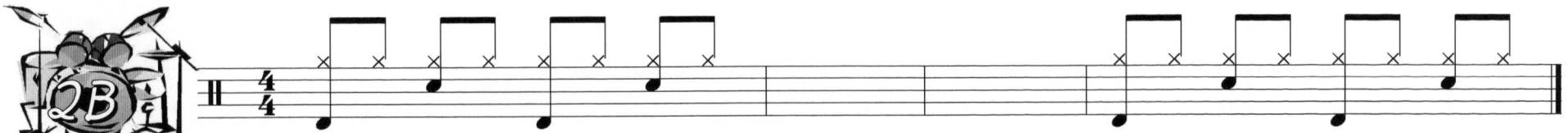

C. In diesen Takt hat sich ein Fehler eingeschlichen. Versuche, ihn zu finden und korrigiere ihn.

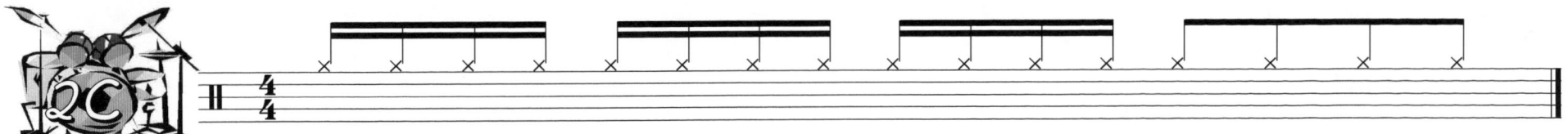

D. Die CD-Nummer 28 ist eine Beatbox-Übung. Versuche selbst und schreibe den Rhythmus des zweiten Taktes hier auf. Den ersten Takt habe ich dir bereits vorgegeben.

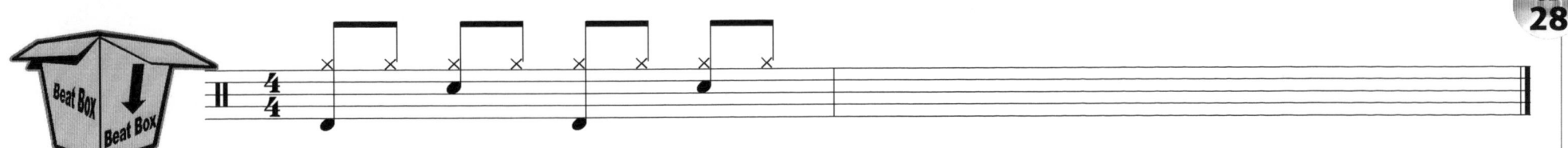

Ob Du alles richtig gemacht hast, siehst Du im Lösungsteil auf der Seite 76.

Schlagzeugsolo #1 (einhändige Hi Hat)

In diesem Solo kannst du ausprobieren, was du bisher gelernt hast. Die Hi Hat soll hier mit **einer Hand** gespielt werden.

Schlagzeugsolo #2 (beidhändige Hi Hat)

In Schlagzeugsolo #2 wird die Hi Hat abwechselnd mit **beiden Händen** (R-L-R-L) gespielt.

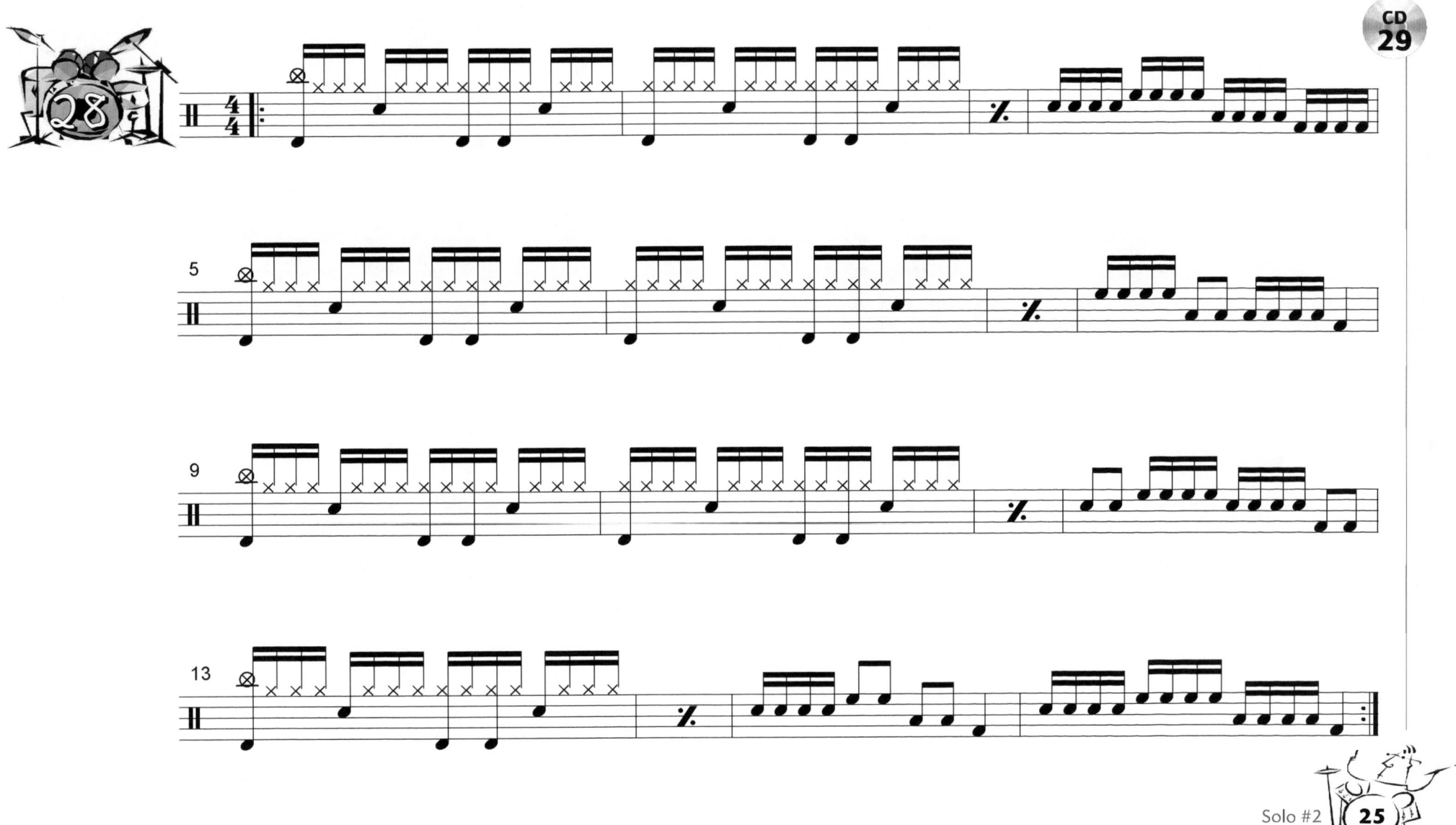

Suchbild – Im Bild unten rechts sind drei Fehler eingebaut. Kannst Du sie finden?

Der Akzent (Betonungszeichen)

Der Akzent (Betonungszeichen)

Der Akzent

Der Akzent ist ein Betonungszeichen. Die Note, über der der Akzent geschrieben steht, soll lauter gespielt werden.

Schlagzeugrhythmen leben von Betonungen. An welcher Stelle betont werden soll, wird in den Noten mit einem sogenannten Akzent (Betonungszeichen) kenntlich gemacht. Die Note, über der das Betonungszeichen geschrieben steht, soll also lauter gespielt werden, als die anderen Noten. Im folgenden Beispiel also auf Zählzeit „eins" und „drei" laut und auf „zwei" und „vier" leiser.

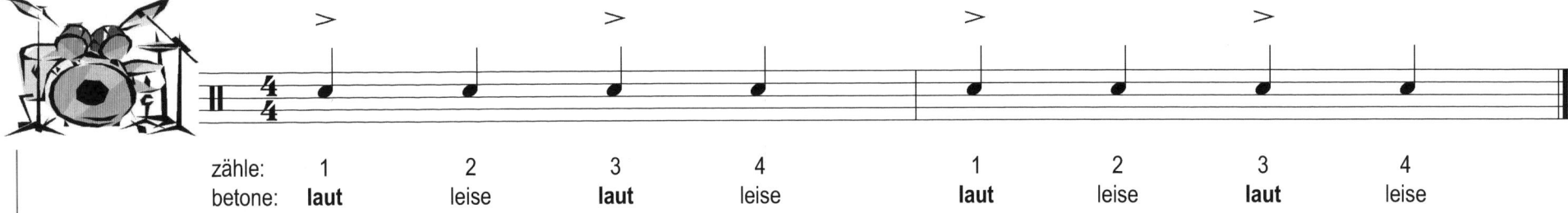

zähle:	1	2	3	4	1	2	3	4
betone:	**laut**	leise	**laut**	leise	**laut**	leise	**laut**	leise

Übungen mit Akzenten

Versuche in den folgenden Übungen, die betonten Schläge doppelt so laut zu spielen, wie die unbetonten. Das erreichst du am besten, indem du bei den betonten Schlägen mit deinem Stick (Trommelstock) weiter ausholst, als bei den Schlägen ohne Akzent.

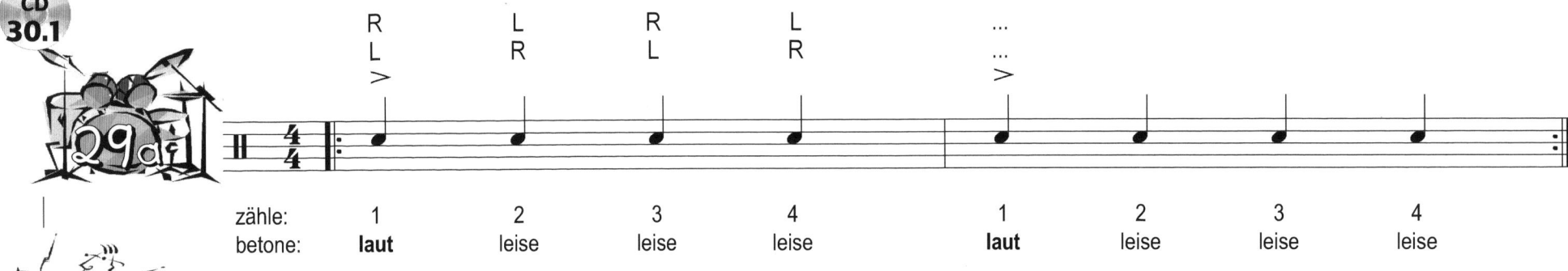

zähle:	1	2	3	4	1	2	3	4
betone:	**laut**	leise	leise	leise	**laut**	leise	leise	leise

Kräsch! Bum! Bäng! 2

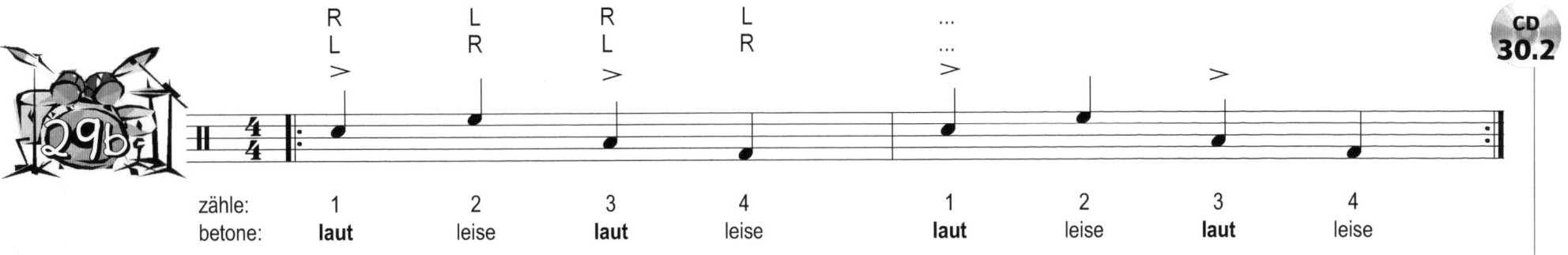
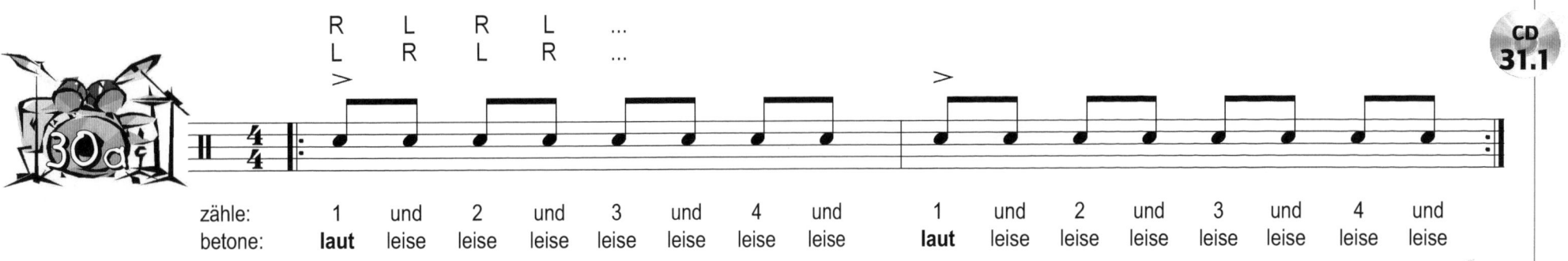

Der Akzent

Was du mit Akzenten alles machen kannst ...

Indianer

Wenn du diese Übung mit Akzenten auf dem dritten Tom spielst, klingt sie wie Indianertrommeln.

CD 32

```
R  L  R  L  ...
L  R  L  R  ...
>           >              >              >
```

31

Fußballfan

Im Fußballstadion hört man oft diesen Rhythmus, wo jeder mit muss:

CD 33

```
R  L  R  L  ...
L  R  L  R  ...
>     >     >     >  >  >        >  >  >  >        >  >
```

32

Lokomotive

Diese Übung auf der Snare Drum klingt wie eine Lokomotive. Spiele sie zunächst langsam und versuche dann, schneller zu werden. So wie eine Lokomotive, die aus einem Bahnhof hinausfährt.

CD 34

```
R L R L ...
L R L R ...
>       >       >       >        >       >       >       >
```

33

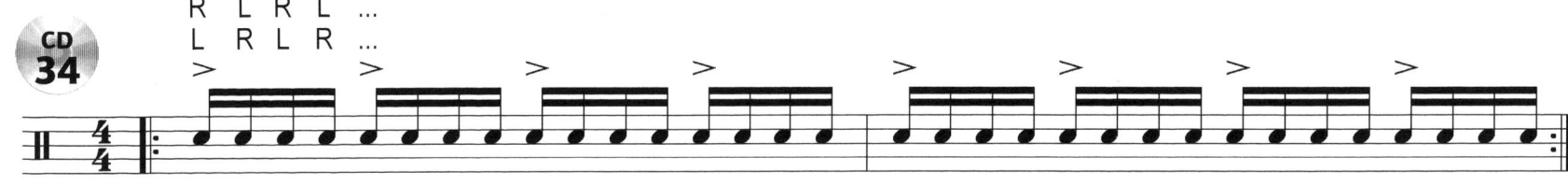

In den folgenden Übungen werden die Akzente auch bei den Sechzehntel Noten gespielt. Denke daran, wieder gleichmäßig mitzuzählen oder mitzusprechen.

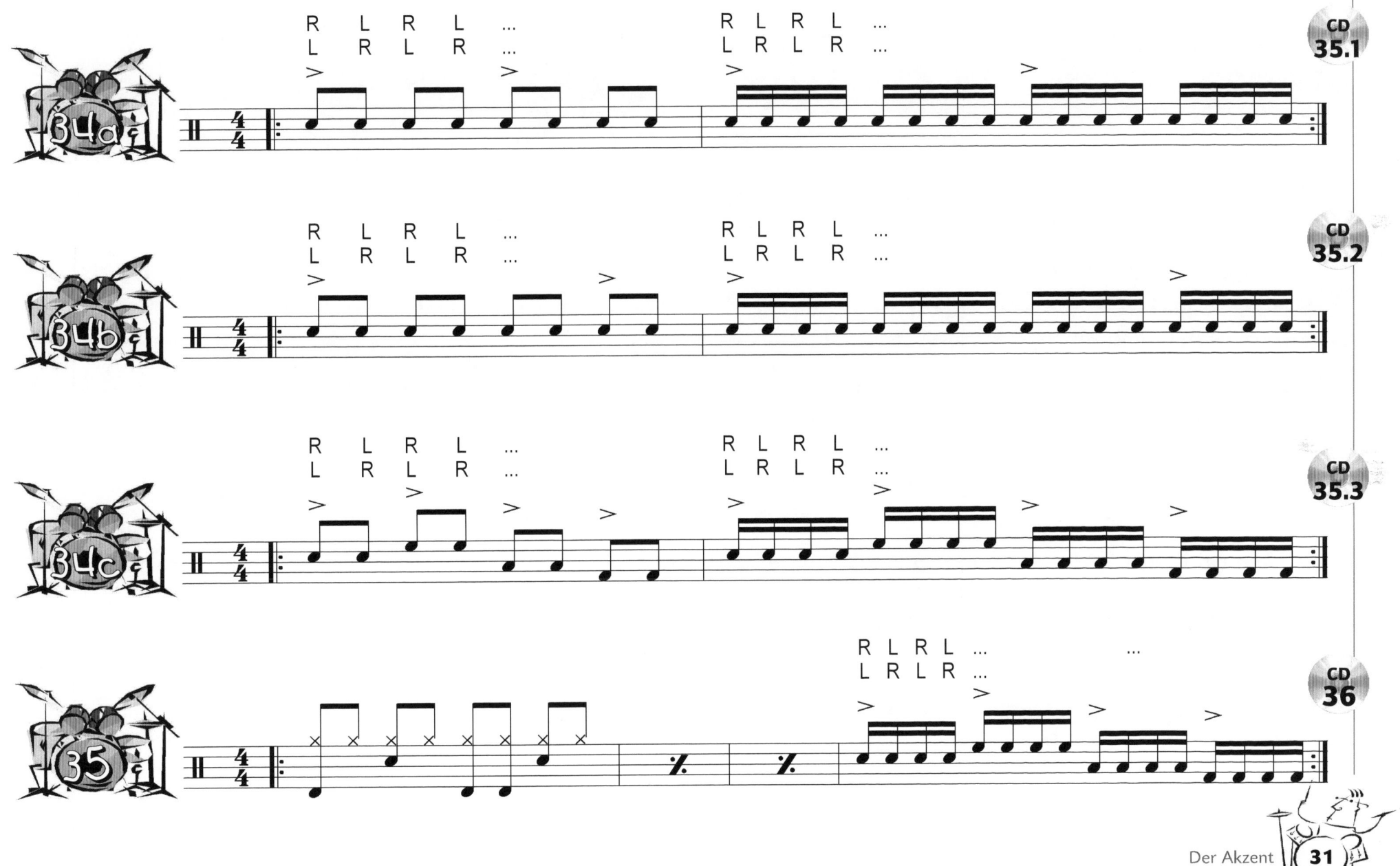

Fläm - Der Flam

Das Wort „Flam" kommt aus der englischen Sprache und wird „Fläm" ausgesprochen. Flam bedeutet **Vorschlagnote**. Wie der deutsche Name schon sagt, wird der Flam unmittelbar vor der ihm folgenden Note ausgeführt. So kurz vorher, dass die Vorschlagnote keinen eigenen Notenwert besitzt. Der Flam besteht also aus **zwei Schlägen**, die kurz aufeinander folgen:

1. **die Vorschlagnote und**
2. **die darauf folgenden Note.**

Die Vorschlagnote spielst du mit der linken Hand. Die darauf folgende Note mit der rechten. (Linkshänder wieder andersherum).

Sprich das Wort, „Flam", am besten ein paar Mal aus. So ähnlich soll auch der Schlag klingen. Zwei Schläge, die so nah beieinander sind, dass sie fast wie ein einzelner Schlag klingen.

Im **Notenbild** hat man das durch drei Dinge deutlich zu machen versucht:

1. Die Vorschlagnote wird wie eine **zu klein geratene Achtel Note** aufgeschrieben.
2. Hals und Fähnchen der Vorschlagnote sind **durchgestrichen**. Da sie keinen eigenen Notenwert hat, braucht man sie auch nicht mitzuzählen.
3. Vorschlagnote und die ihr folgende Note werden mit einem **Haltebogen** miteinander verbunden, da sie immer gemeinsam auftreten.

Der Flam

Der Flam besteht aus einer Vorschlagnote und der darauf folgenden Note. Da beide immer zusammen auftreten, werden sie mit einem Haltebogen verbunden.

Im folgenden Beispiel steht in jedem Takt auf der Zählzeit „eins“ ein Flam. Bevor du die darauf folgenden Übungen spielst, solltest du dieses Beispiel zunächst einmal nur sprechen. Die Wörter stehen unter den Noten. Versuch´ es einmal.

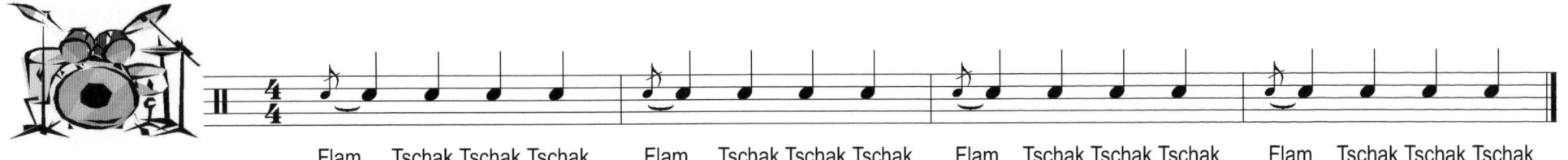

Flam Tschak Tschak Tschak
Flam Tschak Tschak Tschak
Flam Tschak Tschak Tschak
Flam Tschak Tschak Tschak

Übungen mit Flams

Übertrage jetzt auf die Snare!

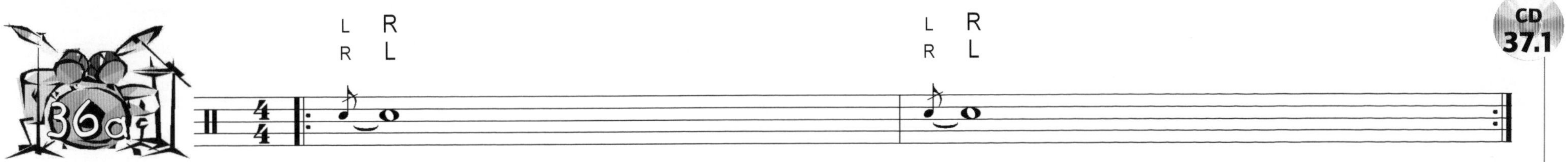
36a
L R
R L
L R
R L
CD 37.1

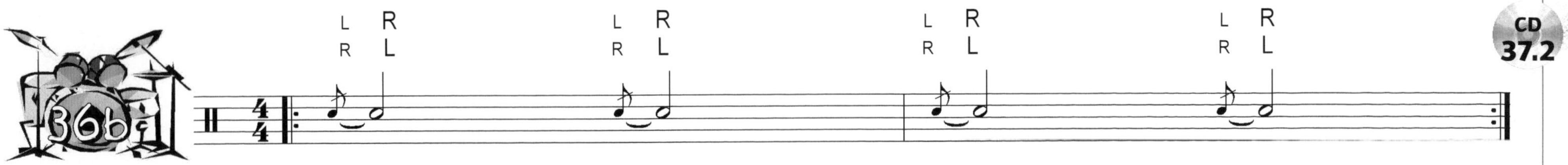
36b
L R
R L
L R
R L
L R
R L
L R
R L
CD 37.2

Und jetzt auf die Toms!

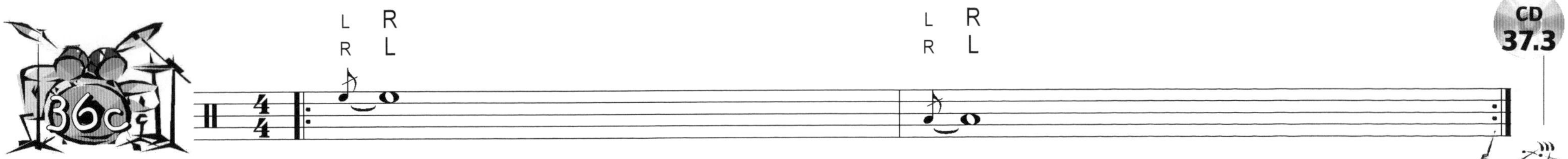
36c
L R
R L
L R
R L
CD 37.3

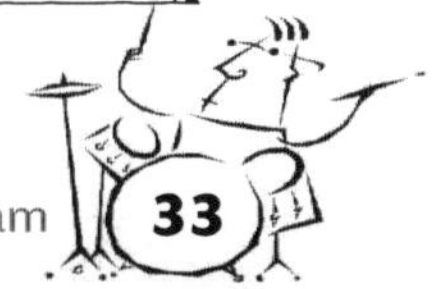

In diesen Übungen wird der Flam in einem Fill-in gespielt.

Pfannkuchen und Eieruhr - zwei neue Sechzehntel-Figuren

Hier lernst du zwei neue Figuren kennen, die aus Sechzehntel und Achtel Noten bestehen. Sie entstehen aus der oberen Sechzehntelfigur, die dir ja bereits bekannt ist.

Figur 1

Die „Pfannkuchen"-Figur

Hier ist die erste neue Figur. Der erste Schlag ist eine Achtel Note und wird auf der Zählzeit „eins" gespielt. Die Zählzeit „e" wird nur gezählt, aber nicht gespielt. Die nächsten beiden Schläge sind dann auf den Zählzeiten „und" und „a". Dieser Rhythmus ist in dem Wort „Pfannkuchen" enthalten.

sprich: Scho-ko-tor-te Scho-ko-tor-te Scho-ko-tor-te Scho-ko-tor-te

zähle: 1 (e) und a 2 (e) und a 3 (e) und a 4 (e) und a

sprich: Pfann-ku-chen Pfann-ku-chen Pfann-ku-chen Pfann-ku-chen

Figur 2

Die „Eieruhr"-Figur

Bei dieser neuen Figur werden die ersten drei Zählzeiten („eins" - „e" - „und") gespielt. Weil die letzte Note eine Achtel Note ist, die länger ausgehalten wird, als die Sechzehntel Noten, wird die Zählzeit „a" nur gezählt, jedoch nicht gespielt. Dieser Rhythmus ist in dem Wort „Eieruhr" enthalten.

sprich: Scho-ko-tor-te Scho-ko-tor-te Scho-ko-tor-te Scho-ko-tor-te

zähle: 1 e und (a) 2 e und (a) 3 e und (a) 4 e und (a)

sprich: Ei - er - uhr Ei - er - uhr Ei - er - uhr Ei - er - uhr

Übung 4a

Zur Orientierung zunächst noch einmal eine Snareübung mit der bekannten Sechzehntelfigur.

zähle: 1 e und a 2 e und a 3 e und a 4 e und a   1 e und a 2 e und a 3 e und a 4 e und a
sprich: Scho-ko-tor-te Scho-ko-tor-te Scho-ko-tor-te Scho-ko-tor-te   Scho-ko-tor-te Scho-ko-tor-te Scho-ko-tor-te Scho-ko-tor-te

Bevor du die Übungen 4a – c spielst, höre dir zunächst die Klangbeispiele auf der CD an (Track 4 a bis c und Track 42).

Übung 4b – „Pfannkuchen"

Bei dieser Figur wird die Zählzeit „e" nicht mitgespielt. Du musst sie aber dennoch mitzählen, oder das Wort Pfannkuchen dazu sprechen.

zähle: 1 (e) und a   2 (e) und a   3 (e) und a   4 (e) und a   1 (e) und a   2 (e) und a   3 (e) und a   4 (e) und a
sprich: Pfann-ku-chen Pfann-ku-chen Pfann-ku-chen Pfann-ku-chen   Pfann-ku-chen Pfann-ku-chen Pfann-ku-chen Pfann-ku-chen

Übung 4c – „Eieruhr"

Hier wird die Zählzeit „a" nicht gespielt. Zähle wieder schön gleichmäßig mit, oder sprich das Wort „Eieruhr" während du spielst.

zähle: 1 e und (a) 2 e und (a) 3 e und (a) 4 e und (a)   1 e und (a) 2 e und (a) 3 e und (a) 4 e und (a)
sprich: Ei-er-uhr   Ei-er-uhr   Ei-er-uhr   Ei-er-uhr   Ei-er-uhr   Ei-er-uhr   Ei-er-uhr   Ei-er-uhr

Neue Sechzehntel-Figuren

Pfannkuchen - Eieruhr

Achtung! In dieser Übung spielst du beide Sechzehntelfiguren innerhalb eines Taktes.

Übung 43 - 46

Hier nun verschiedene Sechzehntelfiguren und Achtel Noten innerhalb einer Übung. Zusätzlich kommt auch noch die Bass Drum hinzu. Zähle oder sprich wieder gleichmäßig mit.

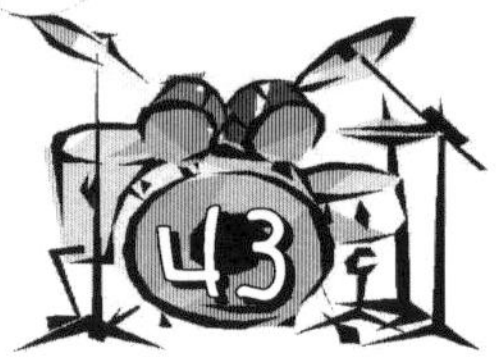

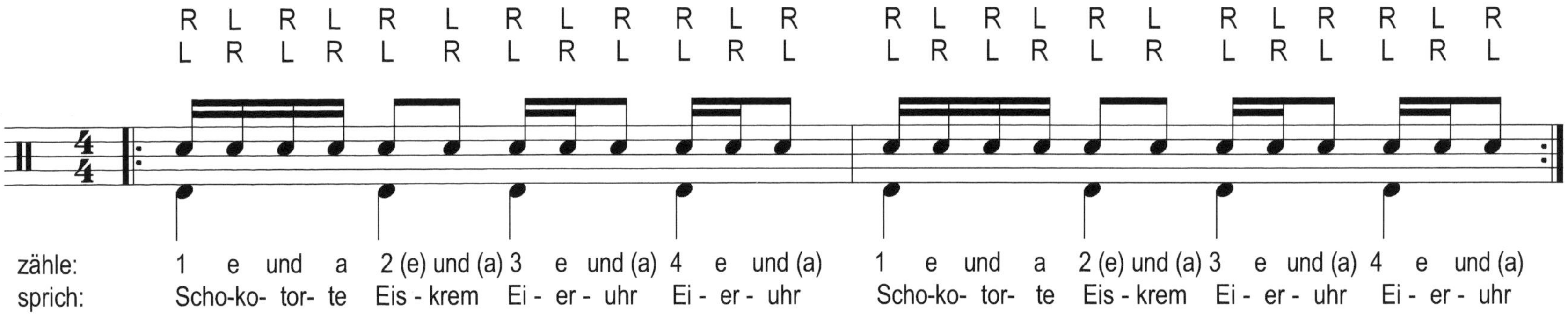

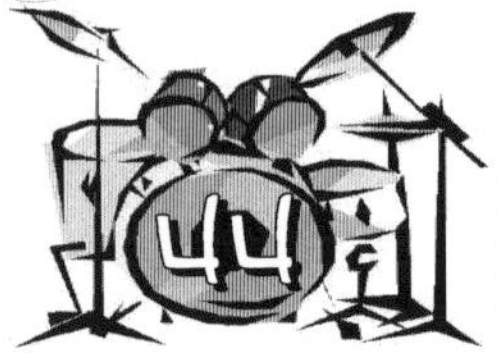

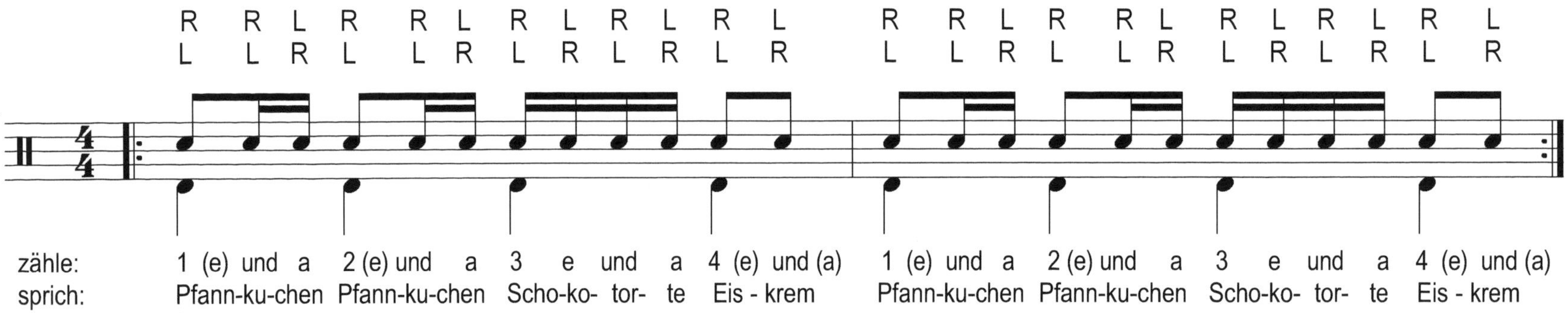

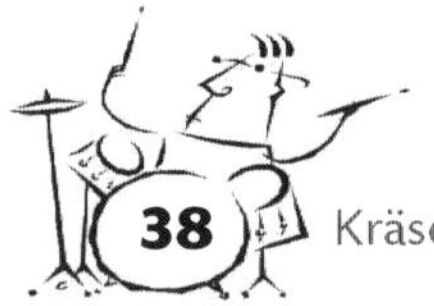

Und jetzt Fill-Ins mit den neuen Sechzehntelfiguren.

Neue Sechzehntel-Figuren

In dieser Übung wird die **Hi Hat mit einer Hand** gespielt.

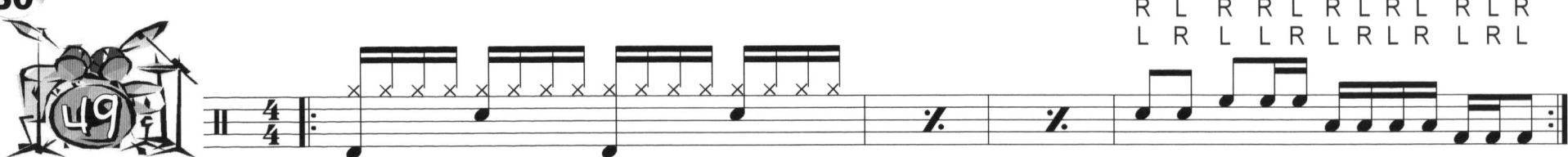

Und nun noch eine Übung mit der **beidhändig** gespielten Hi Hat.

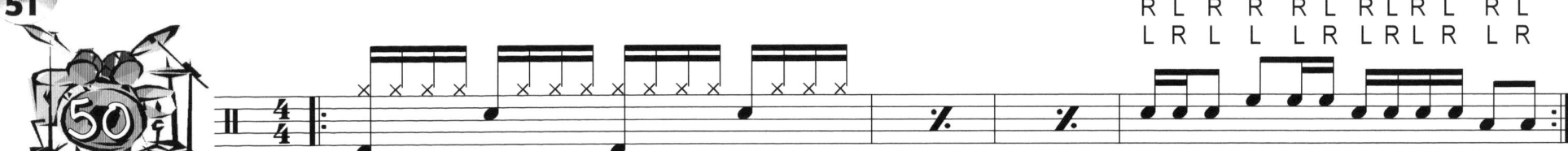

Was du mit Akzenten und „Pfannkuchen" machen kannst ...

Galopp

Wenn du die Akzente über der Pfannkuchen-Figur schön gleichmäßig spielen kannst, versuche auch, sie etwas schneller zu spielen. Sie klingt dann wie ein Pferd, das galoppiert ...

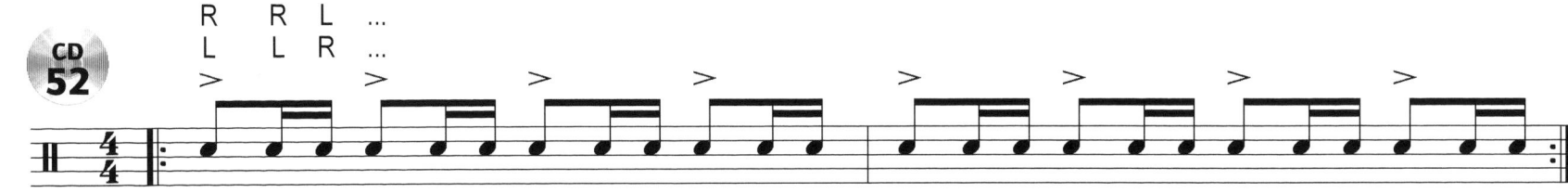

Kleines Quiz 3

A. Spiele alle Schläge auf dem ersten Tom als Flam und trage Vorschlagnote und Haltebogen ein:

B. Trage hier in beiden Takten Akzente über den Zählzeiten „2" und „4" ein.

C. Denke dir anstatt „Schokotorte", „Pfannkuchen", „Eieruhr" und „Eiskrem" eigene Wörter aus und trage sie unter den Noten ein.

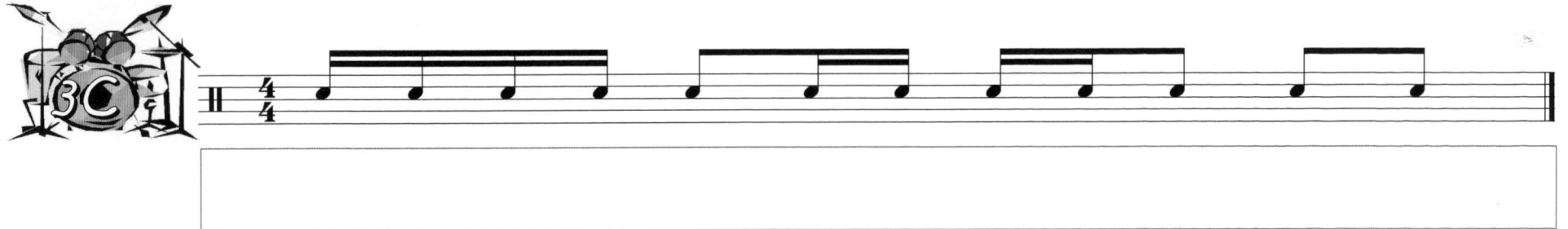

D. Hier hat sich wieder einmal ein Fehler eingeschlichen. Kannst du ihn finden und korrigieren?

Ob Du alles richtig gemacht hast, siehst Du im Lösungsteil auf der Seite 77.

Schlagzeugsolo #3

Grooves

Grooves

Mit den neuen Sechzehntelfiguren lassen sich neben Fill-ins auch tolle Grooves (Rhythmen) entwickeln. Hier z.B. der „Pfannkuchen" auf Hi Hat und Snare verteilt. Eine interessante Figur, die sich in den folgenden Übungen wieder findet:

Die **Hi Hat** spielt durchgehende Achtel Noten und die **Snare** ergänzt Sechzehntel auf verschiedenen Zählzeiten, im folgenden Beispiel auf „1a" und „3a". Spiele die Hi Hat durchgehend **einhändig** (Rechtshänder mit der rechten, Linkshänder mit der linken Hand). Die Snare Drum schlägst du mit der linken Hand (Linkshänder wieder andersherum).

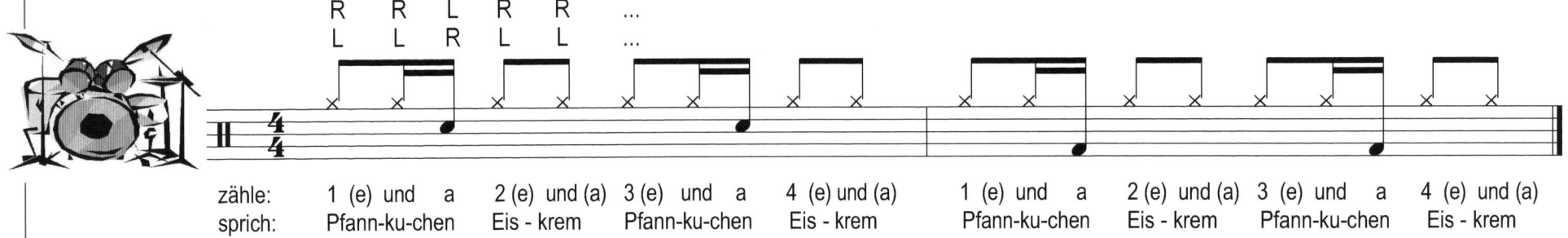

zähle: 1 (e) und a   2 (e) und (a)   3 (e) und a   4 (e) und (a)   1 (e) und a   2 (e) und (a)   3 (e) und a   4 (e) und (a)
sprich: Pfann-ku-chen   Eis - krem   Pfann-ku-chen   Eis - krem   Pfann-ku-chen   Eis - krem   Pfann-ku-chen   Eis - krem

Bei den nun folgenden Übungen ist es sehr wichtig, dass du schön gleichmäßig mitzählst, damit du lernst, sie flüssig und ohne das Tempo zu verändern, zu spielen.

In **Übung 53a** spielt die Hi Hat durchgehende Achtel. Die Snare spielt eine zusätzlich Sechzehntel auf der Zählzeit „2a".

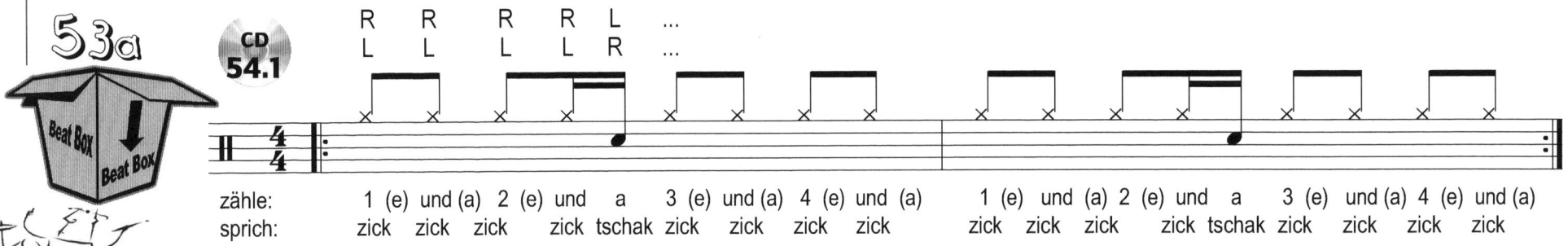

zähle: 1 (e) und (a)   2 (e) und a   3 (e) und (a)   4 (e) und (a)   1 (e) und (a)   2 (e) und a   3 (e) und (a)   4 (e) und (a)
sprich: zick zick zick   zick tschak zick   zick zick zick   zick zick zick   zick zick zick   zick tschak zick   zick zick zick   zick zick zick

Kräsch! Bum! Bäng! 2

Nun kommt noch eine weitere Achtel Note auf der Snare Drum auf der Zählzeit „4" hinzu:

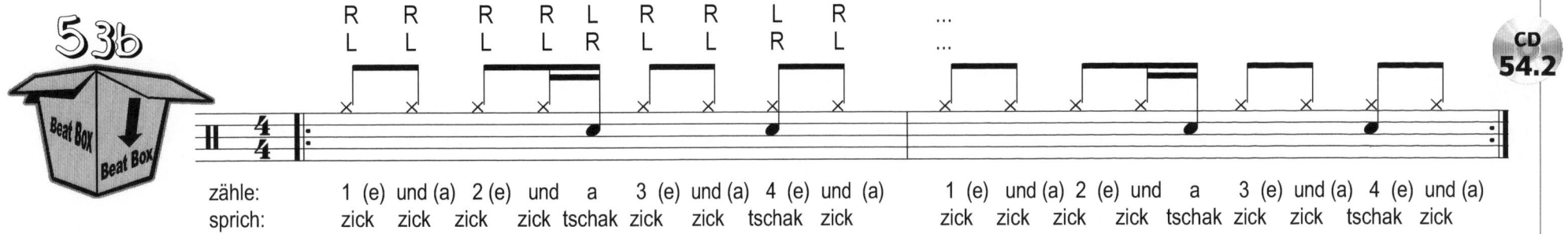

Jetzt noch eine Note auf der Snare Drum auf der Zählzeit „2".

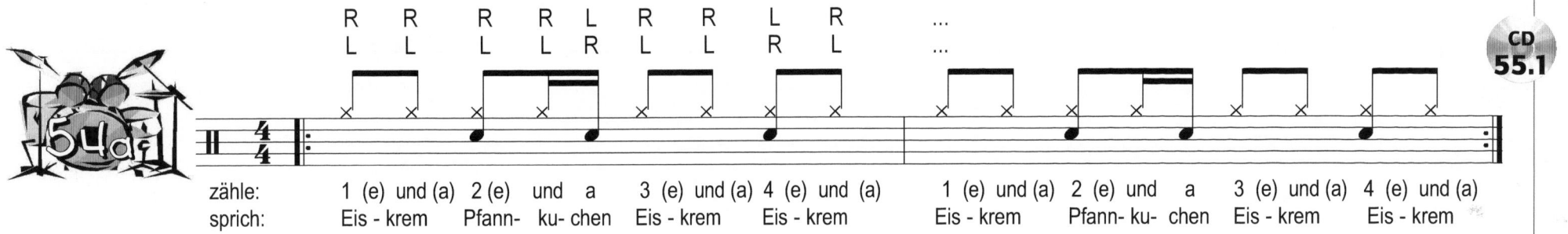

Schließlich noch die Bass Drum auf den Zählzeiten „1" und „3". Fertig ist der neue Groove!

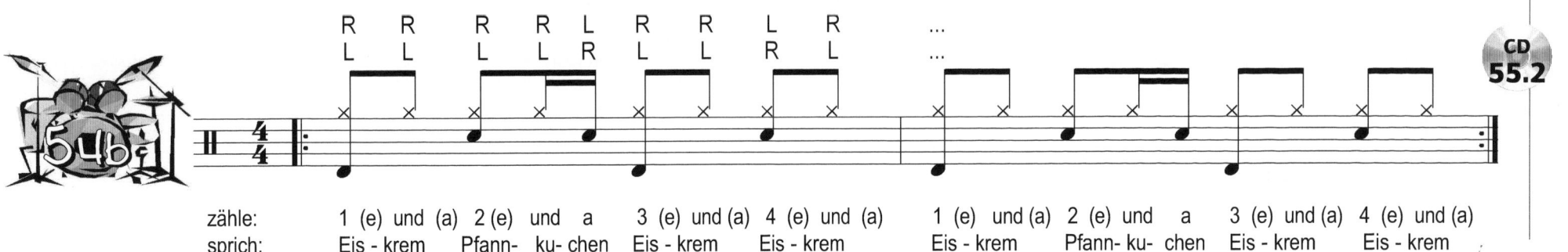

Spiele nun die Sechzehntel auf der Zählzeit „la" mit der Bass Drum. Die Hi Hat spielt wieder durchgehende Achtel.

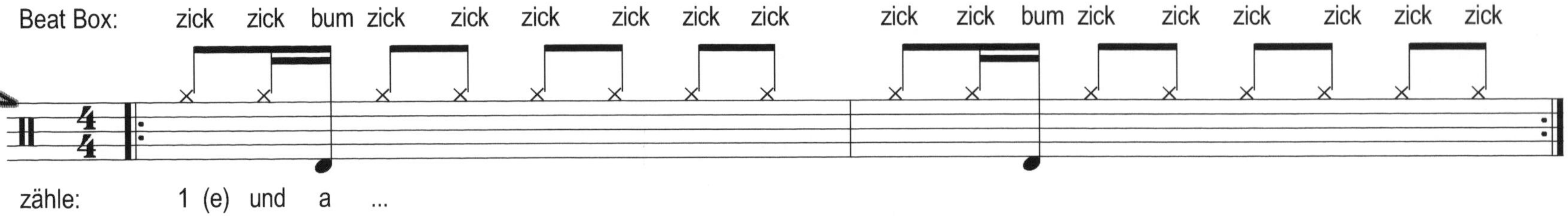

CD 56 / 55

Beat Box: zick zick bum zick zick zick zick zick zick   zick zick bum zick zick zick zick zick zick

zähle: 1 (e) und a ...

Jetzt spielst du die Bass Drum zusätzlich noch auf den Zählzeiten „1" und „3".

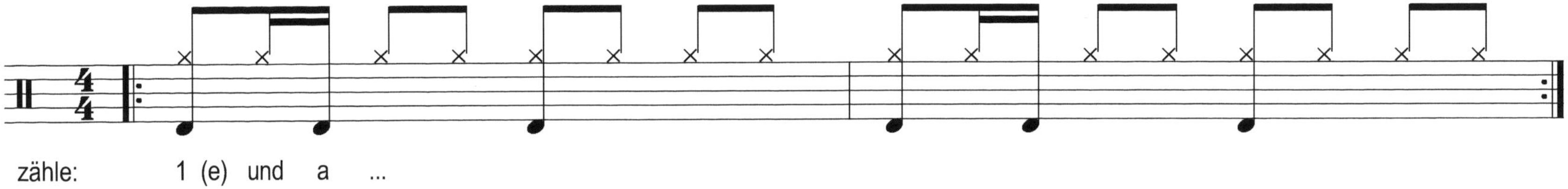

CD 57.1 / 56a

zähle: 1 (e) und a ...

Nun kommt noch die Snare Drum auf der Zählzeit „4" hinzu.

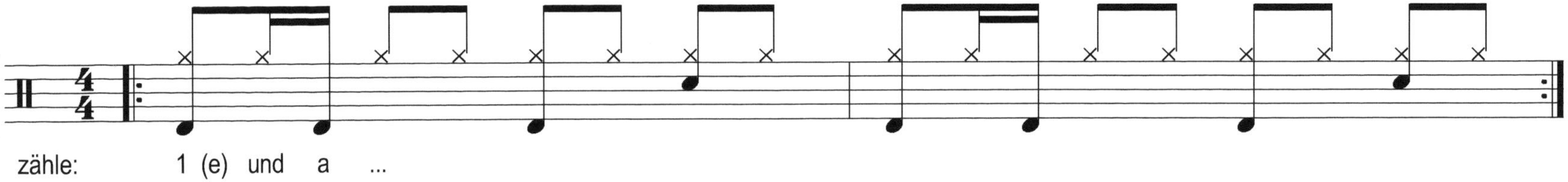

CD 57.2 / 56b

zähle: 1 (e) und a ...

Und schließlich noch die Snare auf der Zählzeit „2". Und schon ist ein weiterer toller Groove fertig.

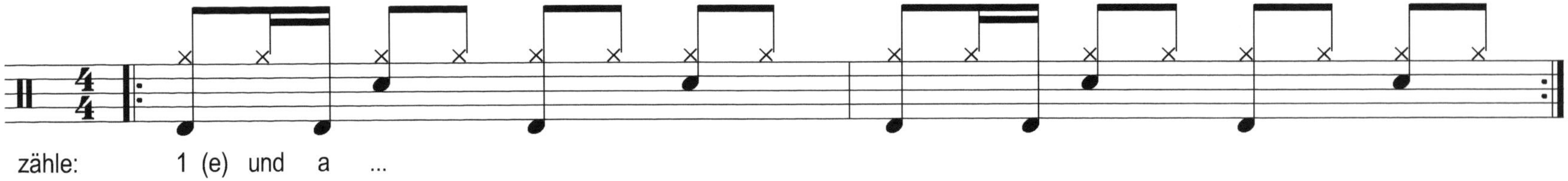

CD 57.3 / 56c

zähle: 1 (e) und a ...

46 Kräsch! Bum! Bäng! 2

Probiere die neuen Grooves in diesen achttaktigen Übungen aus.

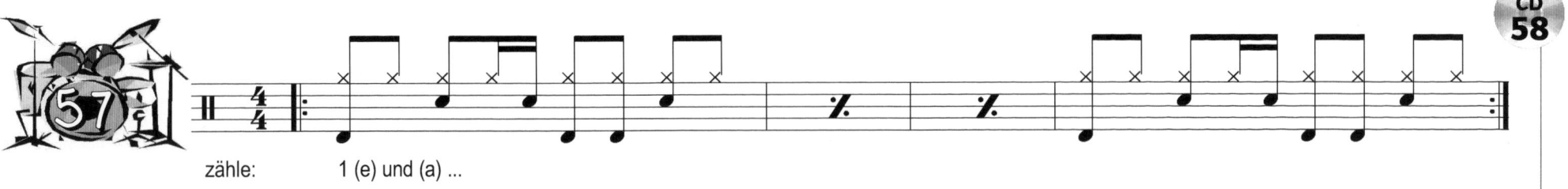

zähle: 1 (e) und (a) ...

zähle: 1 (e) und (a) ...

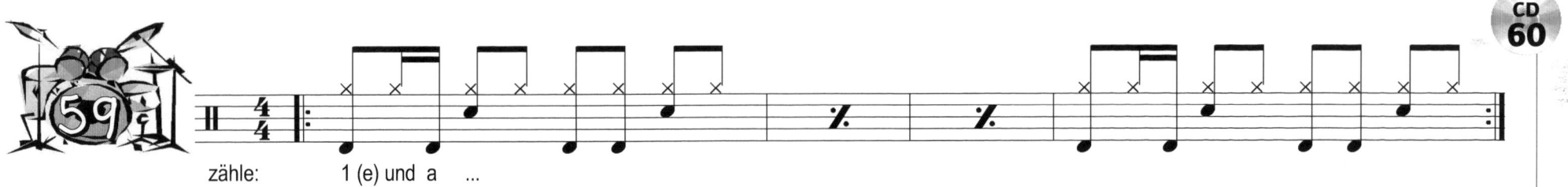

zähle: 1 (e) und a   ...

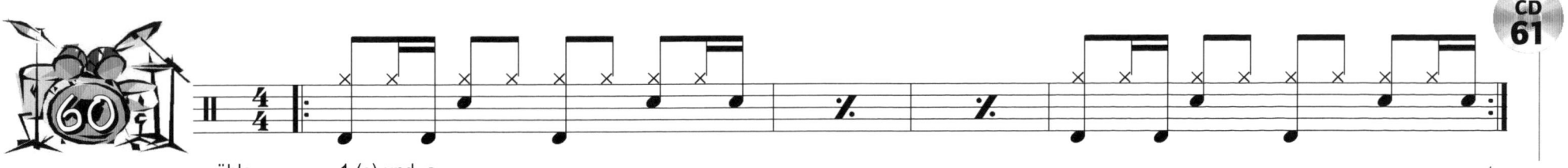

zähle: 1 (e) und a   ...

Weitere achttaktige Übungen mit neuen Grooves mit Fill-ins im vierten bzw. achten Takt.

Die offene und getretene Hi Hat

Zss - Die offene Hi Hat

Bisher hast du die Hi Hat immer geschlossen gespielt. Du kannst sie aber auch während des Spielens öffnen, indem du deinen Fuß, der auf dem Hi Hat Pedal steht, leicht anhebst.

Dabei solltest du allerdings deine Ferse stehen lassen und nur den vorderen Teil deines Fußes, deinen Fußballen anheben.

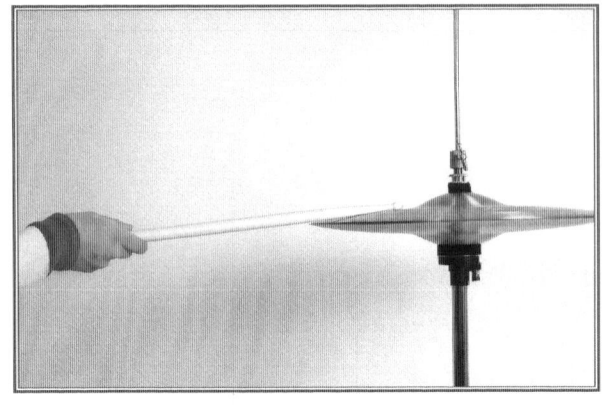
geschlossene Hi Hat

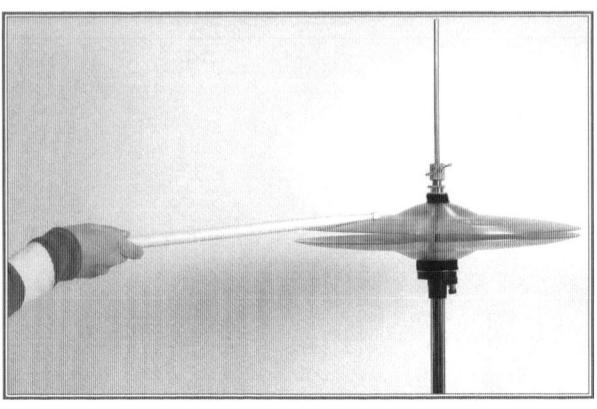
offene Hi Hat

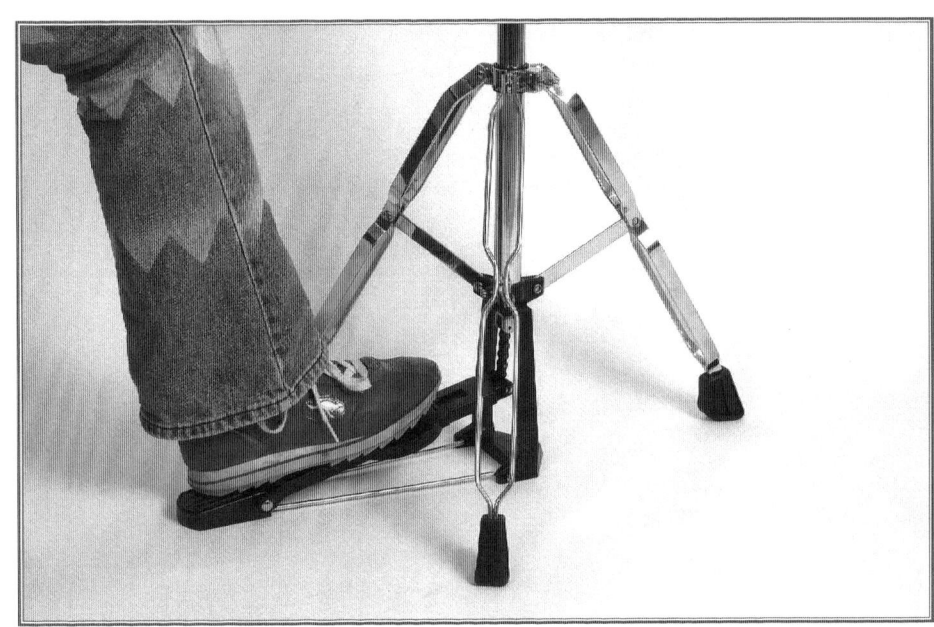
Ferse stehen lassen und

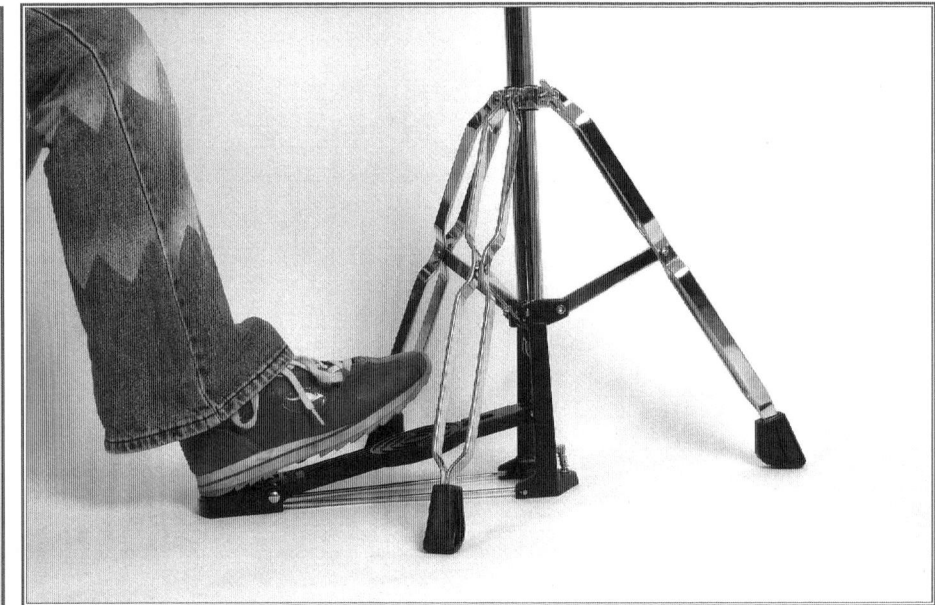
... vorderen Teil des Fußes anheben!

Achtung! Die Note für die offene Hi Hat sieht der Note für das Crash Becken sehr ähnlich. Deshalb kann man die beiden leicht verwechseln.
Zur Erinnerung: die Note für das Crash Becken steht etwas höher, auf einer kleinen Hilfslinie.

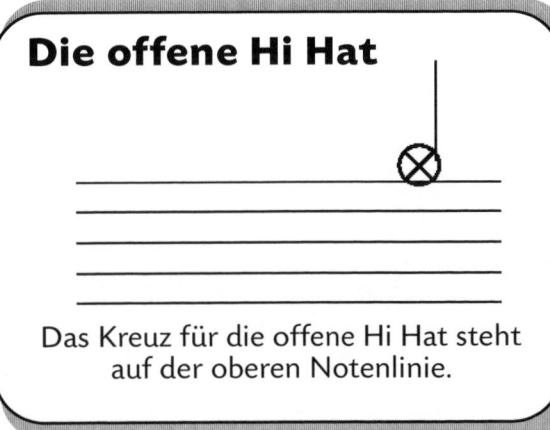

Die offene Hi Hat

Das Kreuz für die offene Hi Hat steht auf der oberen Notenlinie.

Das Crash Becken

Das Kreuz für das Crash Becken steht auf einer Hilfslinie.

In diesem Beispiel werden durchgehende Achtel Noten auf der Hi Hat gespielt.
Auf der Zählzeit „4+" soll die Hi Hat geöffnet werden. Auf der folgenden Zählzeit „1" ist sie dann bereits wieder geschlossen.

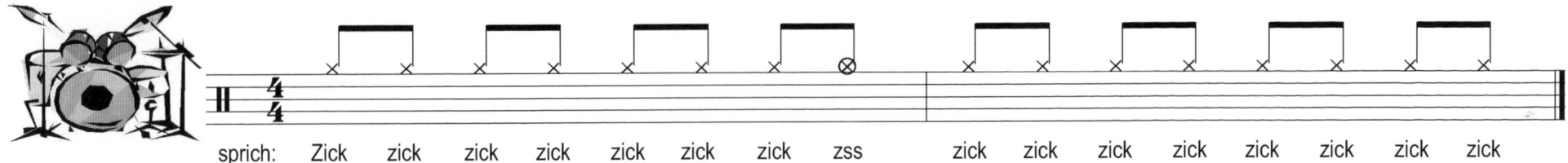

sprich: Zick zick zick zick zick zick zick zss   zick zick zick zick zick zick zick zick

Übe nun mit der geöffneten Hi Hat. Öffne sie auf der Zählzeit „4+" in jedem Takt, indem du den vorderen Teil deines Fußes leicht anhebst. Auf der folgenden Zählzeit „1" muss die Hi Hat wieder geschlossen sein. Dein Fuß muss also wieder fest auf dem Pedal stehen und die Hi Hat schließen.

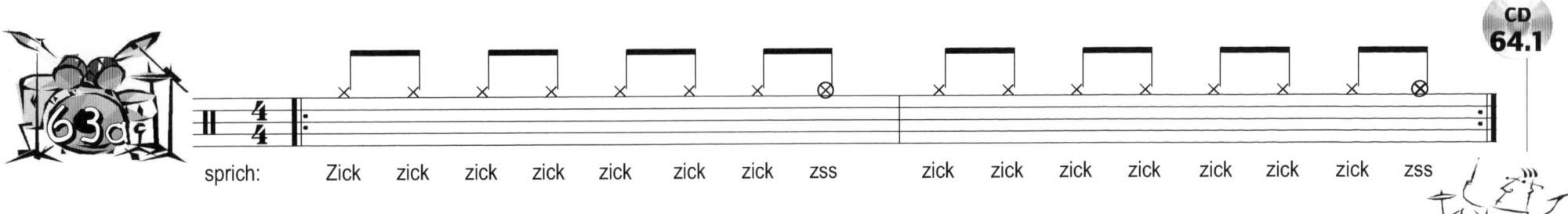

sprich: Zick zick zick zick zick zick zick zss   zick zick zick zick zick zick zick zss

Die offene Hi hat

Jetzt kommt noch die **Bass Drum** auf den Zählzeiten „1" und „3" hinzu.

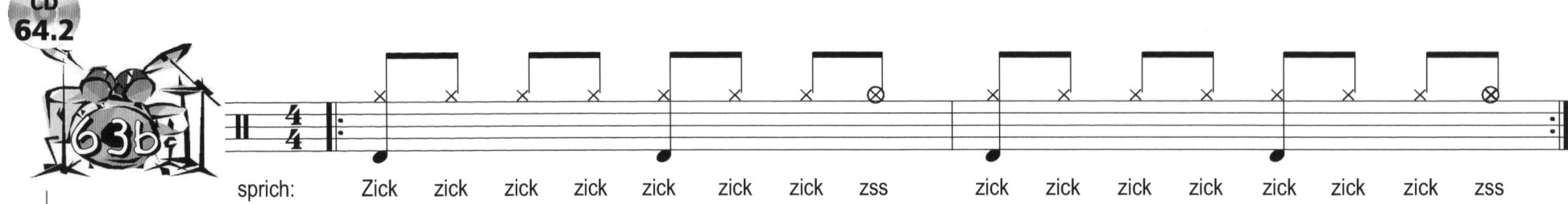

Und nun noch die **Snare Drum** auf den Zählzeiten „2" und „4".

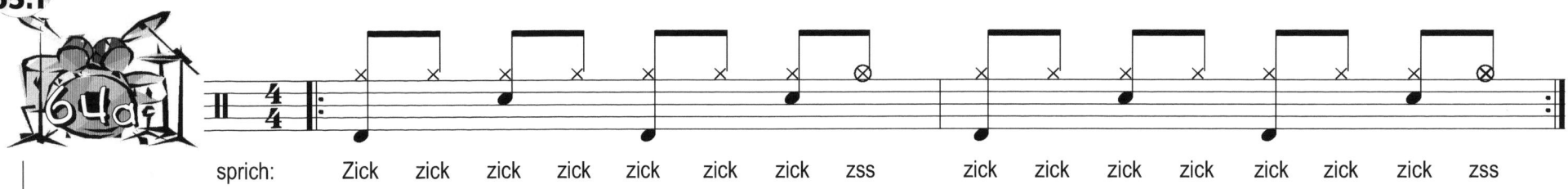

Eine andere Bass Drum Figur:

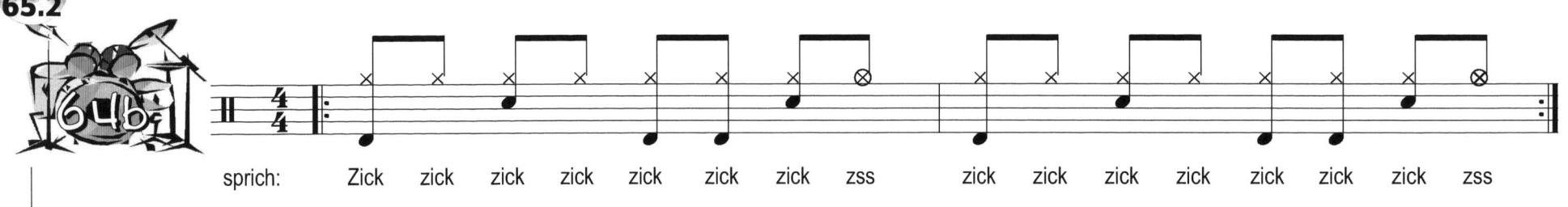

Einige weitere Möglichkeiten, wie du die offene Hi Hat und auch die neuen Grooves einsetzen kannst.

Zip - die getretene Hi Hat

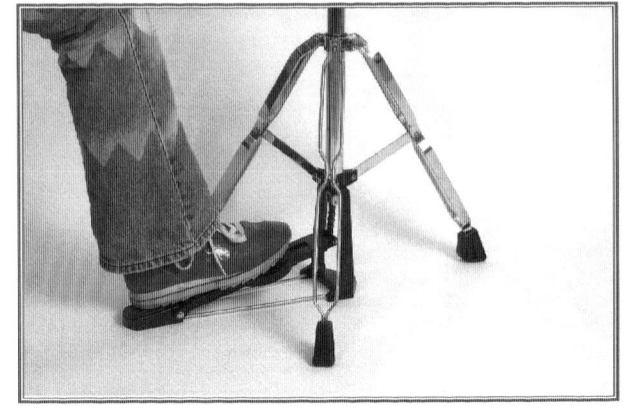
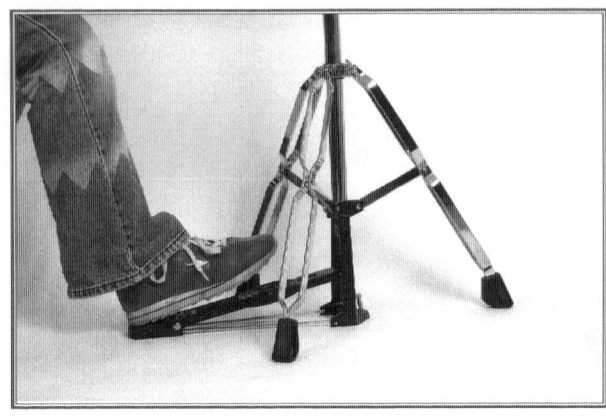

Die getretene Hi Hat

Das Kreuz für die getretene Hi Hat steht unter der unteren Notenlinie.

Es gibt noch eine weitere Möglichkeit, wie du die Hi Hat spielen kannst. Nicht, wie bisher, mit dem Stick (Trommelstock), sondern mit Hilfe des **Hi Hat Pedals**. Du hebst dabei - wie bei der offenen Hi Hat - deinen Fußballen an und drückst ihn dann anschließend wieder hinunter, so dass sich die Hi Hat schließt. Deine Ferse bleibt wieder unten.

In diesem Beispiel stehen Viertel Noten auf der getretenen Hi Hat. Sie ist also zunächst offen und wird dann jeweils auf den Zählzeiten „1", „2", „3" und „4" mit Hilfe des Hi Hat Pedals geschlossen.

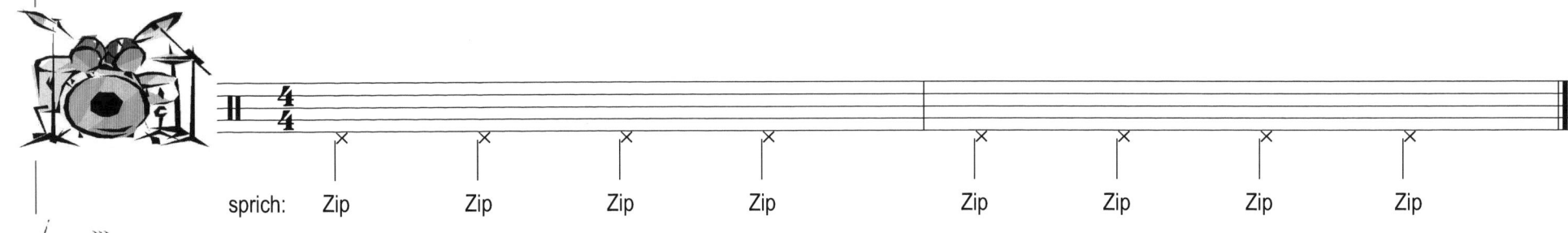

sprich: Zip Zip Zip Zip Zip Zip Zip Zip

Kräsch! Bum! Bäng! 2

Hier die erste Übung mit Viertel Noten auf der getretenen Hi Hat.

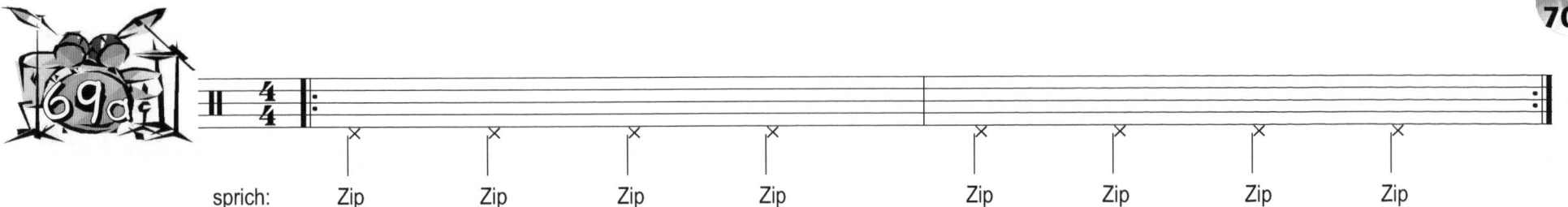

sprich: Zip Zip Zip Zip Zip Zip Zip Zip

Jetzt kommt das Ride Becken hinzu. Es kommt gleichzeitig mit der getretenen Hi Hat zum Einsatz.

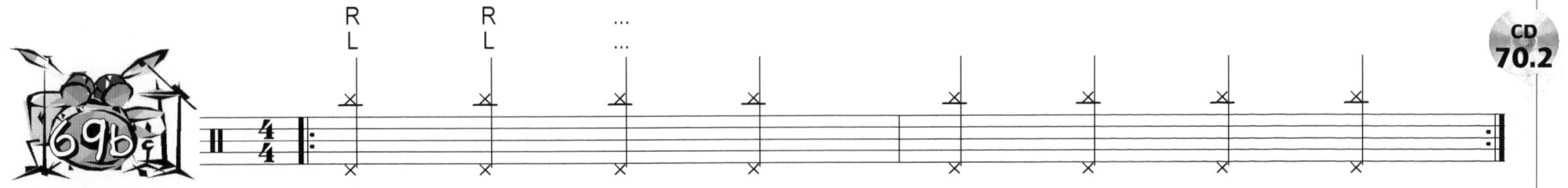

Spiele nun Achtel Noten auf dem Ride Becken. Die getretene Hi Hat spielst du weiterhin auf den Zählzeiten „1", „2", „3" und „4".

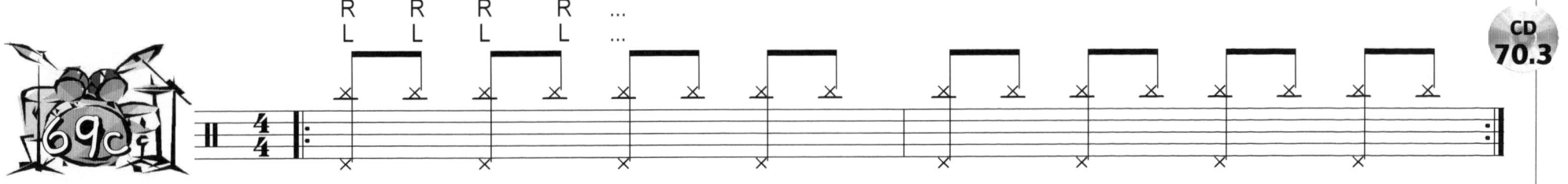

Und jetzt die getretene Hi Hat nur auf den Zählzeiten „2" und „4".

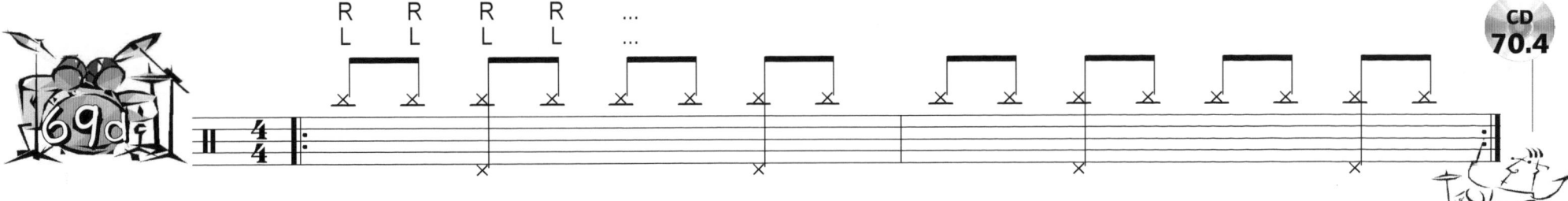

Die getretene Hi Hat

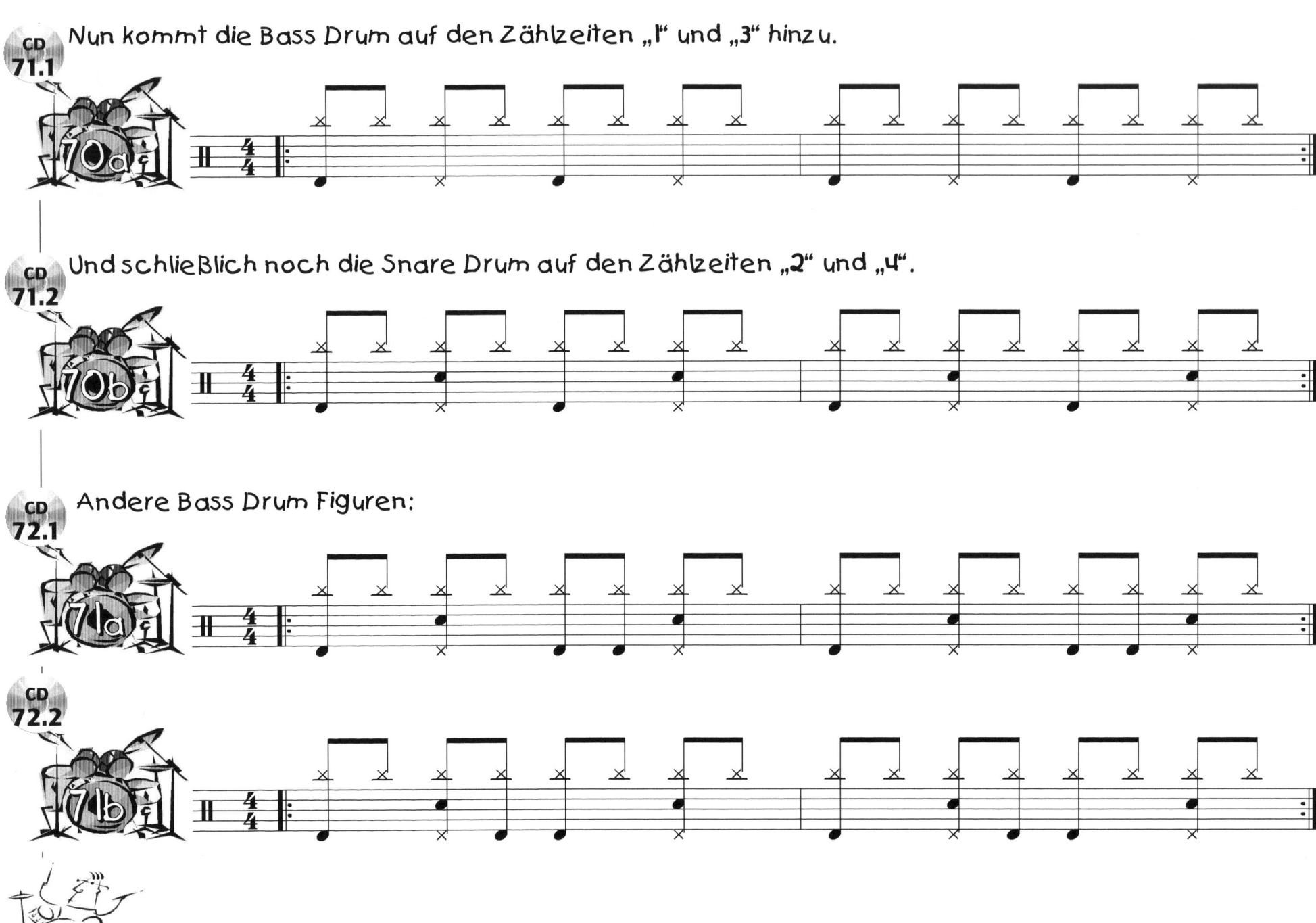

In den folgenden Übungen spielst du Sechzehntel Figuren auf der Snare Drum und Viertel Noten auf der getretenen Hi Hat.

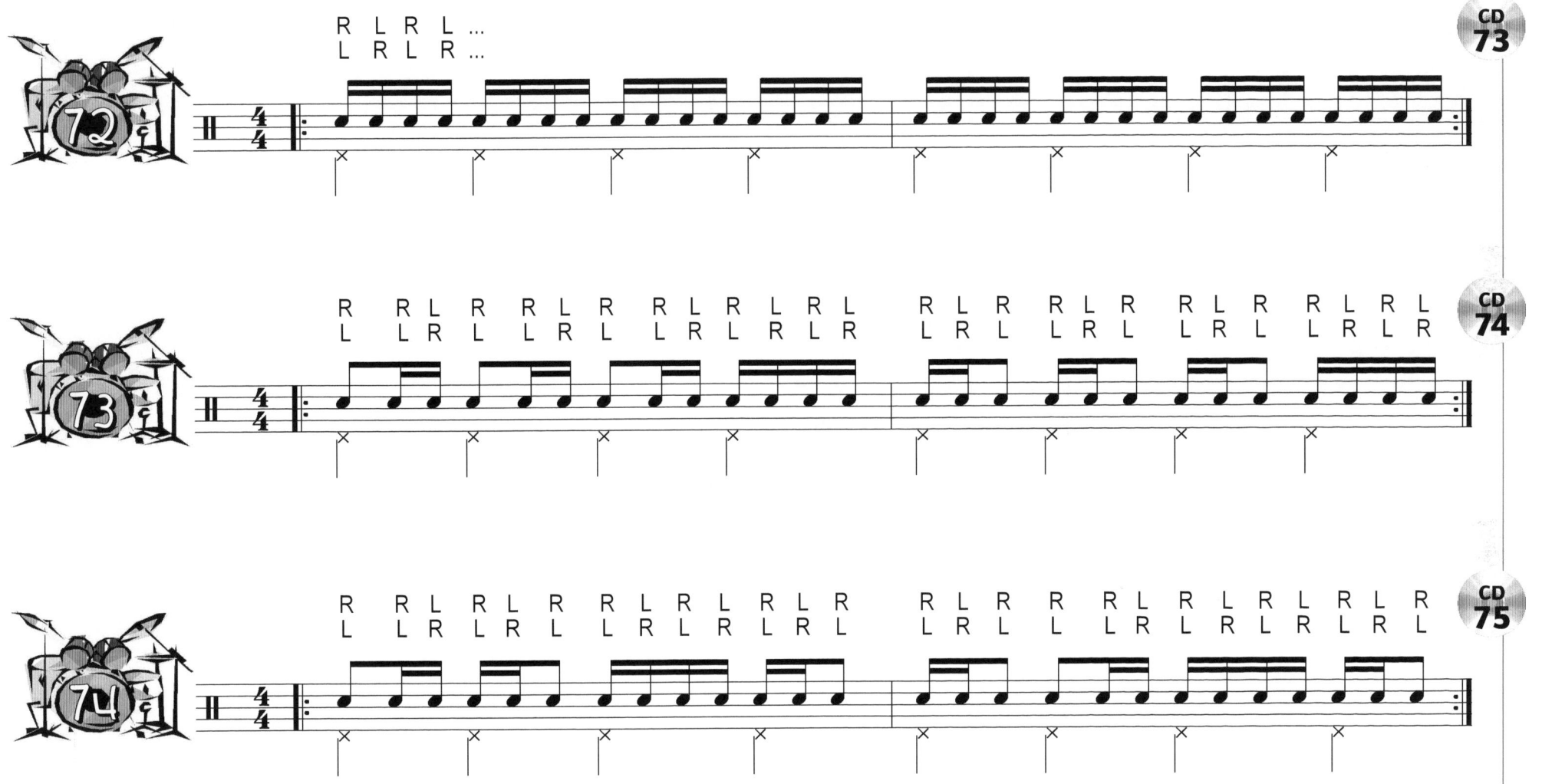

Denk daran, in den Grooves dieser achttaktigen Übungen, die getretene Hi Hat mitzuspielen.

Kleines Quiz 4

A. Trage in diese beiden leeren Takte Viertel Noten auf der getretenen Hi Hat ein:

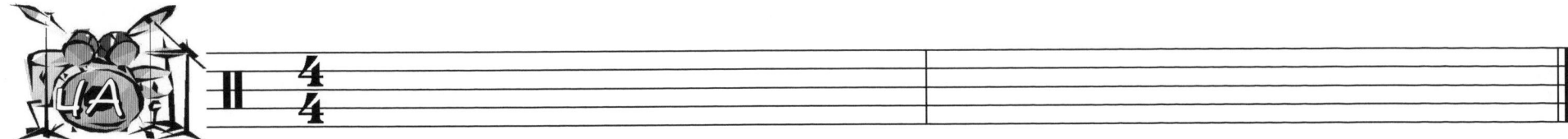

B. Trage hier die Noten für die getretene Hi Hat auf den Zählzeiten „2" und „4" ein:

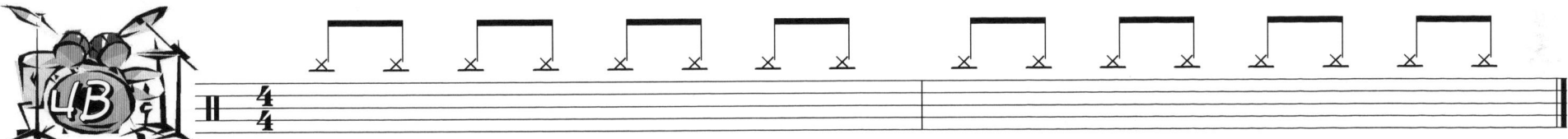

C. Verändere diese Noten für die Hi Hat so, dass aus ihnen Noten für die offene Hi Hat werden.

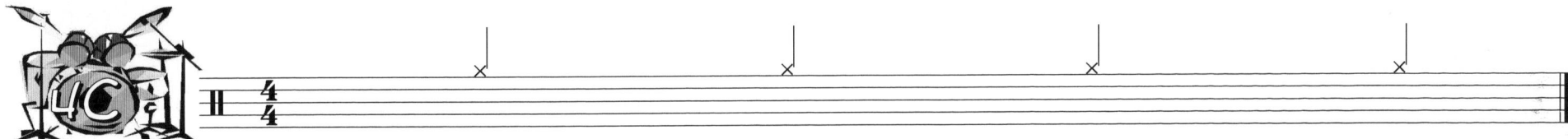

D. Höre dir auf der CD die Titelnummer **78** an und notiere dann hier den zweiten Takt. Den ersten habe ich dir wieder vorgegeben.

CD 78

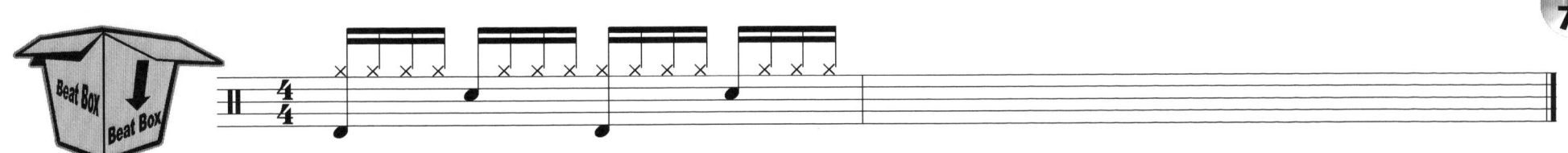

Ob Du alles richtig gemacht hast, siehst Du im Lösungsteil auf der Seite 78.

Schlagzeugsolo #4

Klick - Der Rim Click

Der **Rim Click** ist ein spezieller Klang, den du bestimmt schon oft gehört hast. Er wird auf der Snare Drum erzeugt; allerdings spielst du mit dem Stick (Trommelstock) nicht auf dem Fell der Snare Drum, sondern auf ihrem **Spannreifen**. Das ist der **metallene Ring**, mit dem das Fell auf die Trommel gespannt ist.

Für den Rim Click nimmst du den Stick in die Hand, legst sie ungefähr in der Mitte auf das Fell der Snare Drum und platzierst den Stick so wie auf dem Foto. Dein Handballen sollte dabei das Fell berühren und sich während des Spielens nicht vom Fell abheben.

Stell dir nun vor, deine Snare Drum ist eine Uhr. Lege deinen Stick ungefähr auf die „Zwei-Uhr-Position". Wie weit der Stick über den Spannreifen der Snare herausragt, solltest du einfach ausprobieren. Du wirst merken, dass der Klang des Rim Clicks sich dabei verändert. Spiele am besten so, dass der Klang dir gut gefällt.

Du kannst den Stick auch andersherum halten, sodass du mit dem dickeren Ende auf den Spannreifen schlägst (wie auf dem Foto). Auf diese Weise klingt der Rim Click etwas kräftiger und lauter.

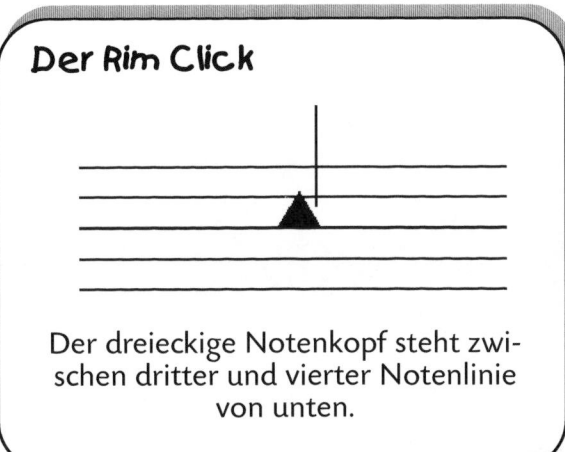

Der Rim Click

Der dreieckige Notenkopf steht zwischen dritter und vierter Notenlinie von unten.

Die Zwei-Uhr-Position

Den Rim Click verwendet man meist in ruhigeren Musikstücken, in denen ein Schlag auf das Fell der Snare Drum zu laut wäre. Es gibt auch spezielle Musikrichtungen, in denen der Rim Click häufig vorkommt, wie zum Beispiel in der südamerikanischen Musik. Dort gibt es verschiedene Rhythmen, die beispielsweise „**Bossanova**" oder „**Rumba**" heißen, und in denen der Rim Click eine wichtige Rolle spielt.

Im folgenden Beispiel ersetzen Rim Clicks die normalen Schläge auf der Snare Drum.

Es folgen bekannte Grooves, nun mit Rim Click gespielt.

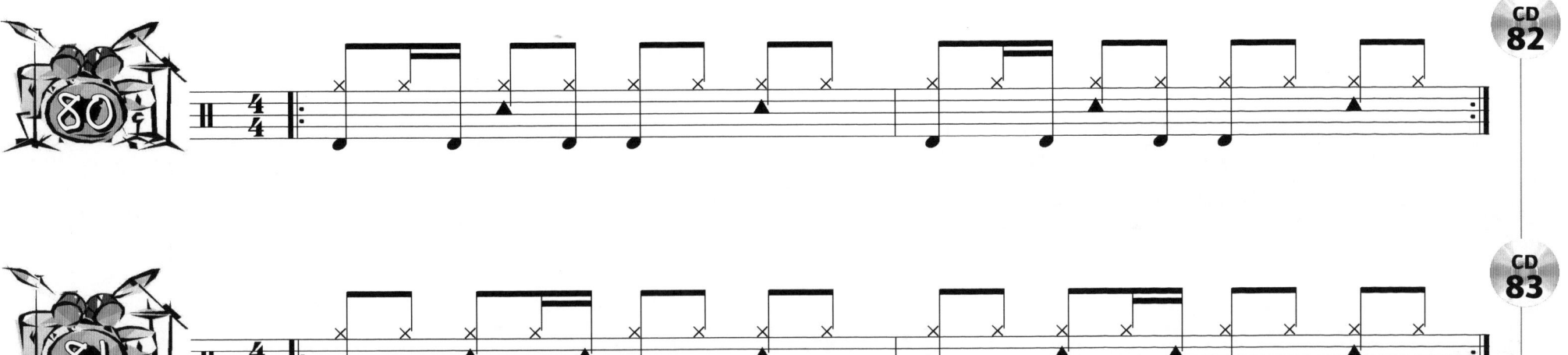

Der Rim Click

Die Sechzehntelpause

Zur Sechzehntel Note gehört selbstverständlich auch eine Sechzehntelpause. Sie wird - wie die Viertel- und Achtelpause - in der Mitte des Notensystems notiert. Ihr Wert entspricht natürlich dem der Sechzehntelnote. Das heißt, sie ist genauso kurz wie eine Sechzehntel Note.

Sechzehntelpause

Die Sechzehntelpause sieht aus wie zwei Achtelpausen, die übereinander gestapelt worden sind.

Ein Beispiel mit Sechzehntel Noten und Pausen. Auf den Zählzeiten „1", „2", „3", und „4" steht jeweils eine Pause. Dort brauchst du nicht zu spielen. Zählen musst du aber dennoch.

Die folgenden Snareübungen mit Sechzehntel Noten und Sechzehntel Pausen kannst du zunächst auch „rappen". Übertrage sie dann auf die Snare.

zähle:	1 e und a 2 e und (a) 3 e und a 4 e und (a)	1 e und a 2 e und (a) 3 e und a 4 e und (a)
sprich:	Scho-ko - tor- te Scho-ko-keks Scho-ko - tor- te Scho-ko-keks	Scho-ko - tor- te Scho-ko-keks Scho-ko - tor- te Scho-ko-keks

Kräsch! Bum! Bäng! 2

Und jetzt Fill-ins mit Sechzehntel Pausen:

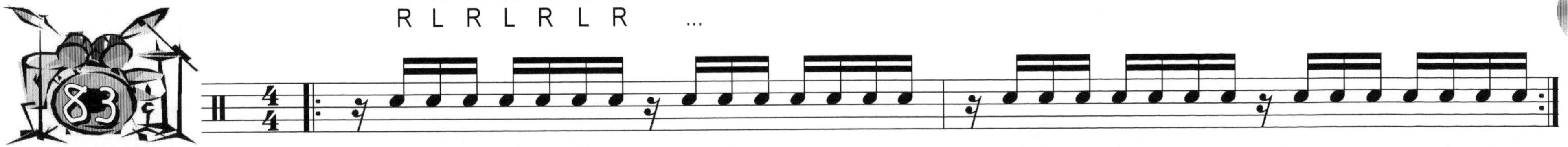

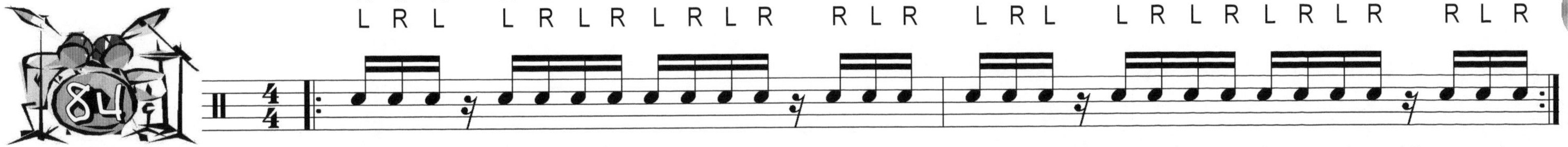

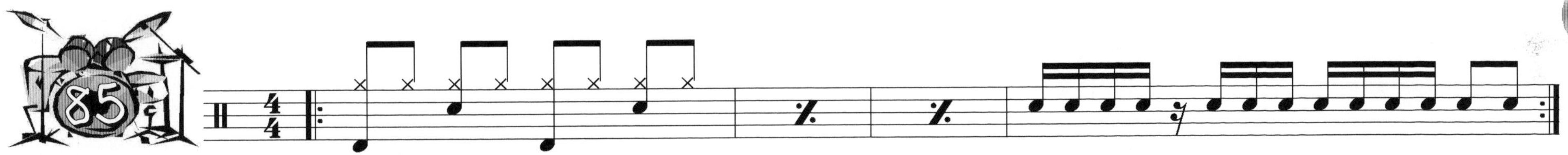

Spiele die Hi Hat in dieser Übung **einhändig**!

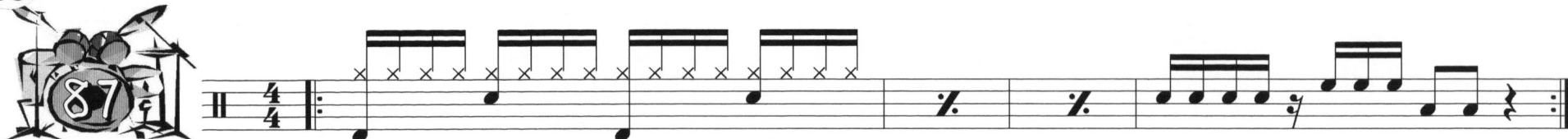

Spiele die Hi Hat in dieser Übung **beidhändig**!

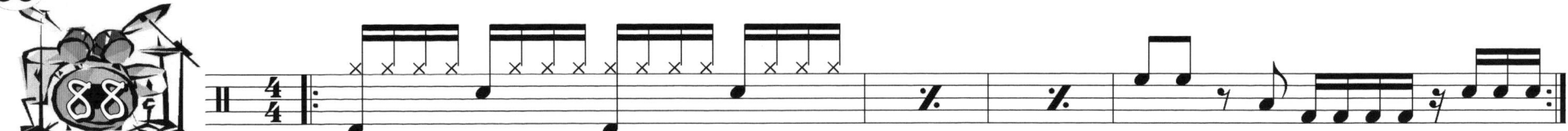

Kleines Quiz 5

A. Trage hier die fehlenden Sechzehntelpausen ein:

B. Trage den Rim Click auf der Notenlinie für die Snare Drum ein. Und zwar auf den Zählzeiten „2" und „4". Denk daran, dass der Notenkopf beim Rim Click etwas anders aussieht:

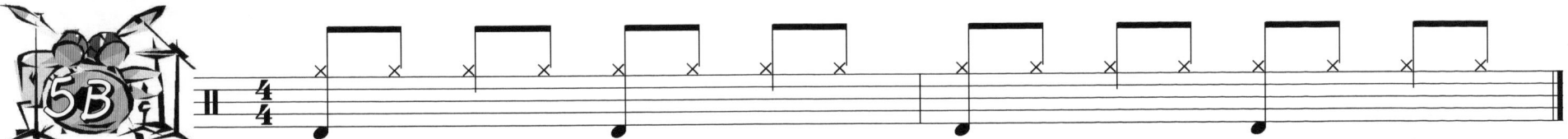

C. In diesen Takt hat sich ein Fehler eingeschlichen. Finde und korrigiere ihn!

D. Höre dir auf der CD die Titelnummer 91 an und trage hier ein, was du gehört hast. Achtung: Den ersten Takt habe ich dir nur zum Teil vorgegeben. Dort musst du auch noch etwas eintragen.

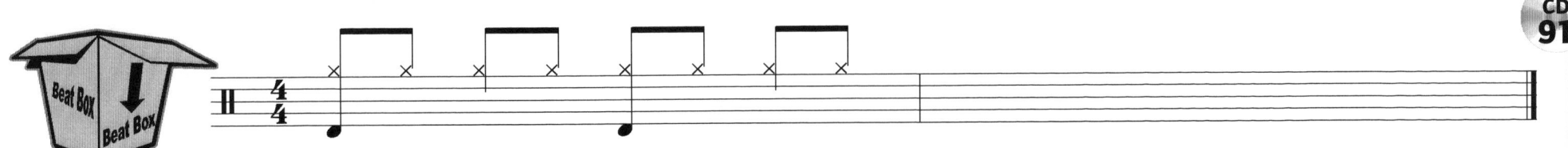

Ob Du alles richtig gemacht hast, siehst Du im Lösungsteil auf der Seite 79.

Schlagzeugsolo #5

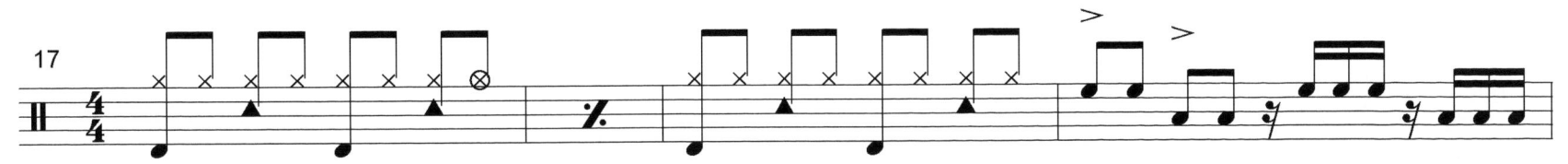
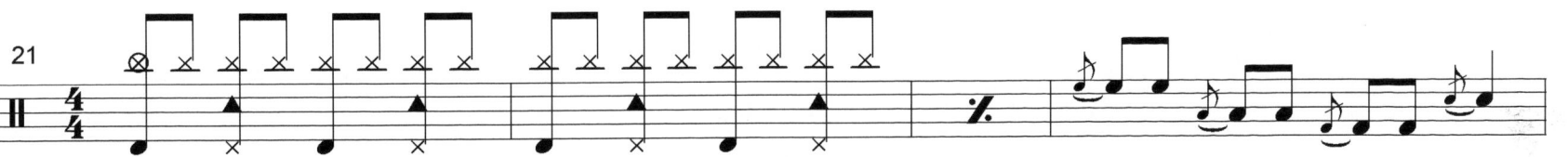
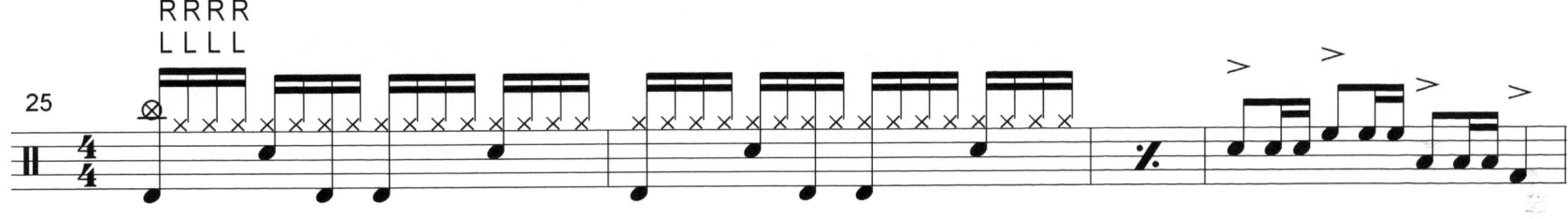
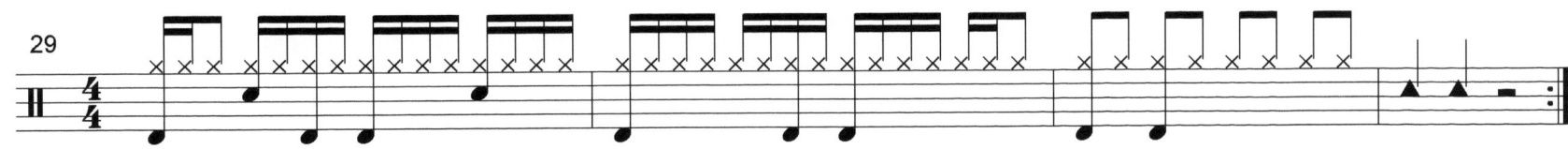

Schlagzeugsolo #5

Mehr von Olaf Satzer ...

Alfred Music Publishing
LEARN • TEACH • PLAY

Anhang

Die Noten Pyramide

Die Ganze Note

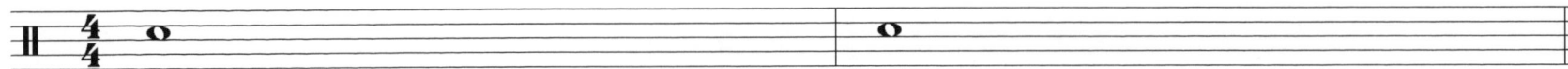

Die Halbe Note

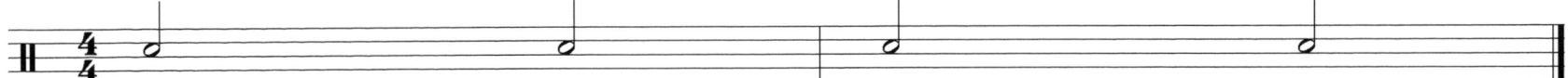

Die Viertel Note

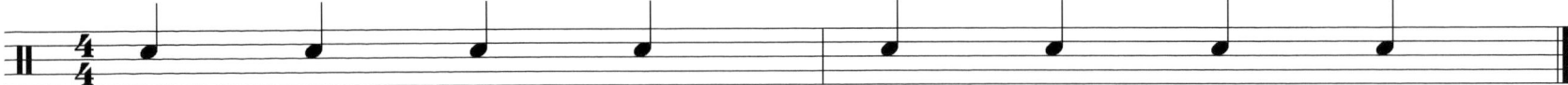

Die Achtel Note

Die Sechzehntel Note

Noten und Pausen

Das Kräsch Bum Bäng – Lexikon

Akzent – Betonungszeichen; der Schlag, über dem der Akzent notiert ist, soll lauter gespielt werden, als die anderen Schläge.
Bossanova – südamerikanischer Rhythmus; auch ein beliebter Tanz.
Faulenzer – ein Wiederholungszeichen; der Takt vor dem Faulenzer soll einmal wiederholt werden.
Fell oder Trommelfell – damit ist nicht das Trommelfell im Ohr gemeint, sondern das Fell, das auf die Trommeln gespannt ist und auf das du beim Spielen schlägst.
Flam – zwei unmittelbar aufeinanderfolgende Schläge, klingt fast wie ein Schlag.
Groove – englische Bezeichnung für einen Rhythmus.
Haltebogen – ein kleiner Bogen, der zwei Noten miteinander verbindet. Zum Beispiel beim Flam, bei dem zwei Noten unmittelbar hintereinander gespielt werden.
Notenlinien – in die fünf Notenlinien werden die Noten für die verschiedenen Instrumente eingetragen.
Notenschlüssel – der Notenschlüssel zeigt an, für welches Instrument die folgenden Noten geschrieben wurden. Der Notenschlüssel für Schlagzeuger heißt auch „Perkussionsschlüssel".
Rim Click – mit dem Trommelstock wird nicht auf dem Fell, sondern auf dem Spannreifen der Snare Drum gespielt.
Rumba – südamerikanischer Rhythmus; auch ein beliebter Tanz.
Schlussstrich – Der Schlussstrich zeigt an, dass eine Übung oder ein Solo zuende ist.
Spannreifen – mit diesem Metallreifen und einigen Schrauben wird das Fell auf die Trommel gespannt.
Sticks – englische Bezeichnung für Trommelstöcker.
Taktmaß – es gibt die Taktart an (zum Beispiel einen 4/4 Takt, bei dem man immer bis vier zählen muss).
Taktstrich – er markiert das Ende eines Taktes. Nach dem Taktstrich beginnt ein neuer Takt.
Vorschlagnote – eine kleine durchgestrichene Note ohne Wert, die durch einen Haltebogen mit der folgenden Note verbunden ist.
Wiederholungszeichen – besteht aus zwei Punkten; es soll all das wiederholt werden, was zwischen den beiden Wiederholungszeichen notiert ist.

Kleines Quiz 1 (S. 14) - Die Lösungen

A. Trage in die zwei leeren Takte Sechzehntel Noten auf der Notenlinie für die Snare Drum ein:

B. Wie zählst du Sechzehntel? Trage Zahlen und Wörter ein:

| zähle: | 1 | e | und | a | 1 | e | und | a | 1 | e | und | a | 1 | e | und | a |

| sprich: | Scho -ko - tor - te | Scho -ko - tor - te | Scho -ko - tor - te | Scho -ko - tor - te |

C. Höre dir auf der CD die Titelnummer 13 an und versuche hier aufzuschreiben, was du gehört hast. Ein kleiner Tipp: es sind Sechzehntel und Achtel Noten!

Kleines Quiz 2 (S.23) - Die Lösungen

A. Trage hier Sechzehntel Noten auf der Notenlinie für die Hi Hat ein:

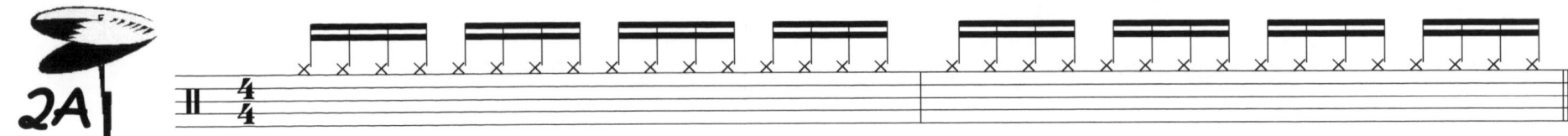

B. Hier soll der erste Takt zweimal wiederholt werden. Trage jeweils einen Faulenzer in die beiden leeren Takte ein.

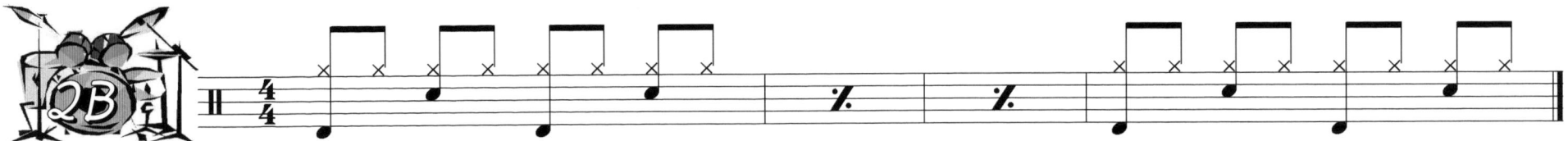

C. In diesem Takt hat sich ein Fehler eingeschlichen. Versuche, ihn zu finden und korrigiere ihn.

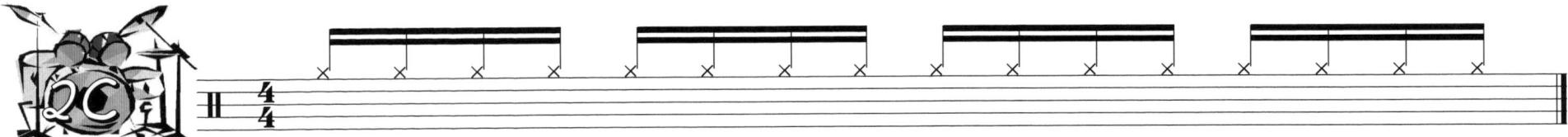

D. Die CD-Nummer **28** ist eine Beatbox-Übung. Versuche selbst und schreibe den Rhythmus des zweiten Taktes hier auf. Den ersten Takt habe ich dir bereits vorgegeben.

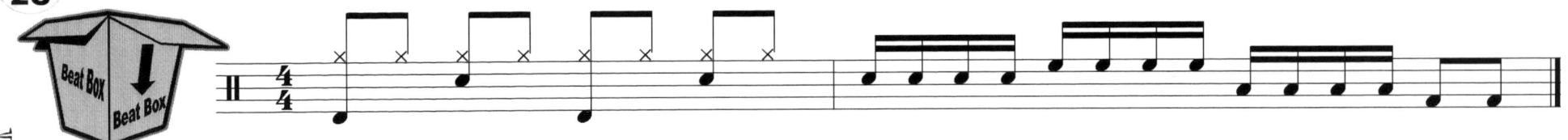

Kleines Quiz 3 (S. 41) - Die Lösungen

A. Spiele alle Schläge auf dem ersten Tom als Flam und trage Vorschlagnote und Haltebogen ein:

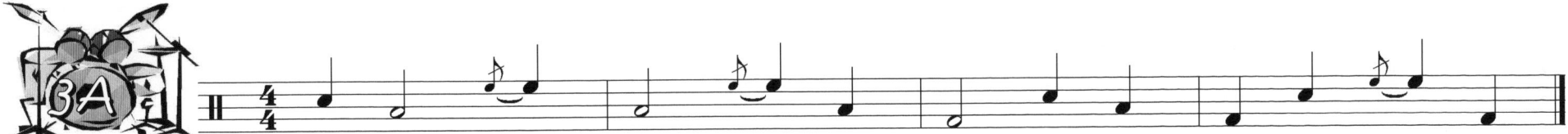

B. Trage hier in beiden Takten Akzente über den Zählzeiten „2" und „4" ein.

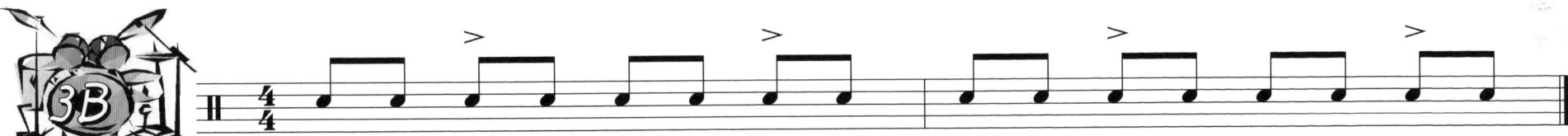

C. Denke dir anstatt „Schokotorte", „Pfannkuchen", „Eieruhr" und „Eiskrem" eigene Wörter aus und trage sie unter den Noten ein.

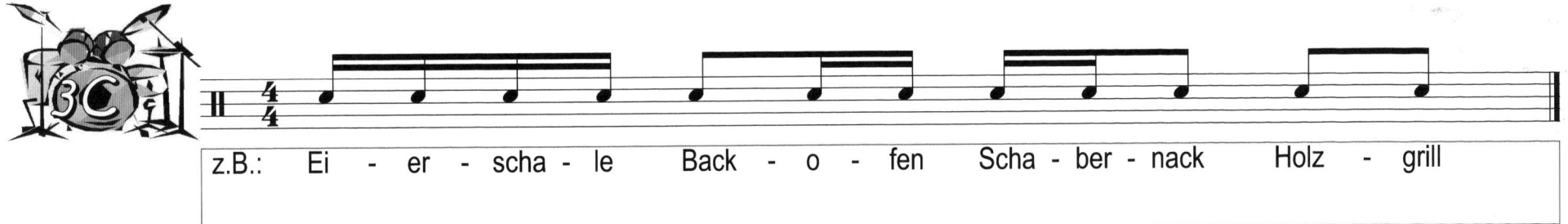

| z.B.: | Ei - er - scha - le | Back - o - fen | Scha - ber - nack | Holz - grill |

D. Hier hat sich wieder einmal ein Fehler eingeschlichen. Kannst du ihn finden und korrigieren?

Kleines Quiz 4 (S.59) - Die Lösungen

A. Trage in diese beiden leeren Takte Viertel Noten auf der getretenen Hi Hat ein:

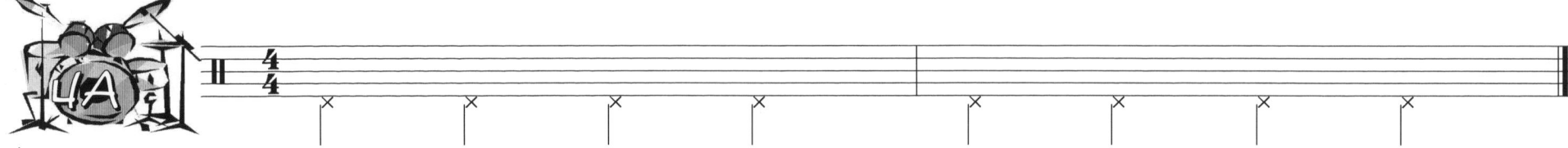

B. Trage hier die Noten für die getretene Hi Hat auf den Zählzeiten „2" und „4" ein:

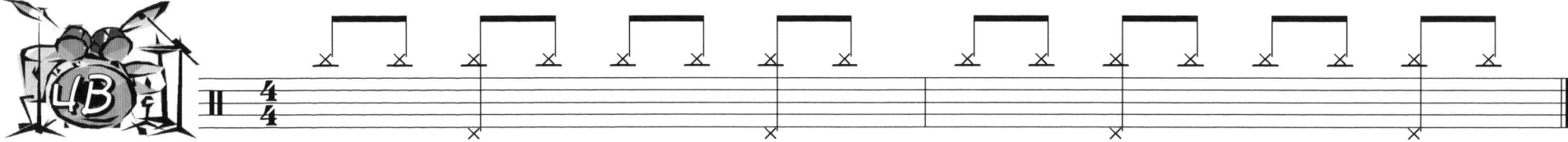

C. Verändere diese Noten für die Hi Hat so, dass aus ihnen Noten für die offene Hi Hat werden.

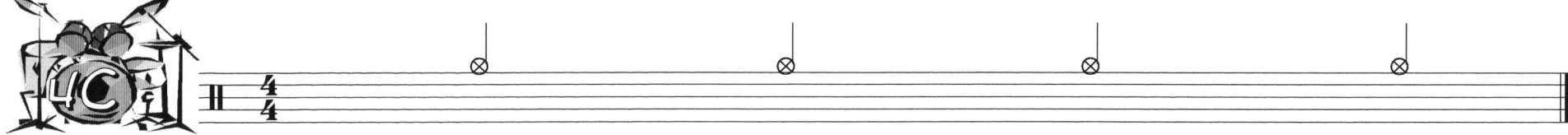

D. Höre dir auf der CD die Titelnummer **78** an und notiere dann hier den zweiten Takt. Den ersten habe ich dir wieder vorgegeben.

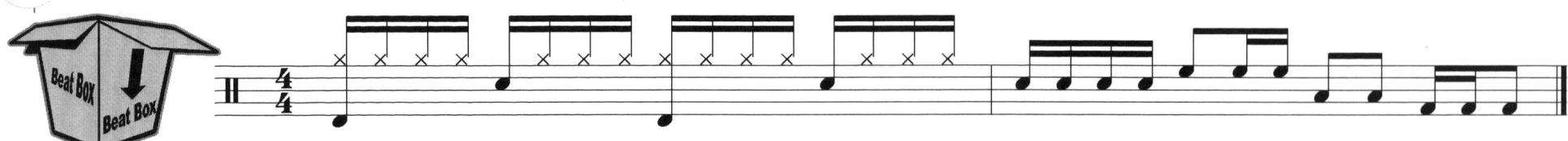

Kleines Quiz 5 (S.67) - Die Lösungen

A. Trage hier die fehlenden Sechzehntelpausen ein:

B. Trage den Rim Click auf der Notenlinie für die Snare Drum ein. Und zwar auf den Zählzeiten „2" und „4". Denk daran, dass der Notenkopf beim Rim Click etwas anders aussieht:

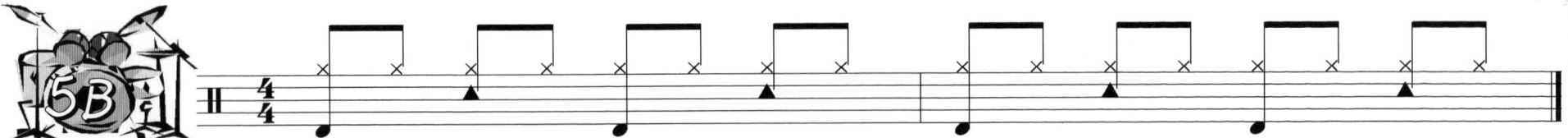

C. In diesen Takt hat sich ein Fehler eingeschlichen. Finde und korrigiere ihn!

D. Höre dir auf der CD die Titelnummer 91 an und trage hier ein, was du gehört hast. Achtung: Den ersten Takt habe ich dir nur zum Teil vorgegeben. Dort musst du auch noch etwas eintragen.

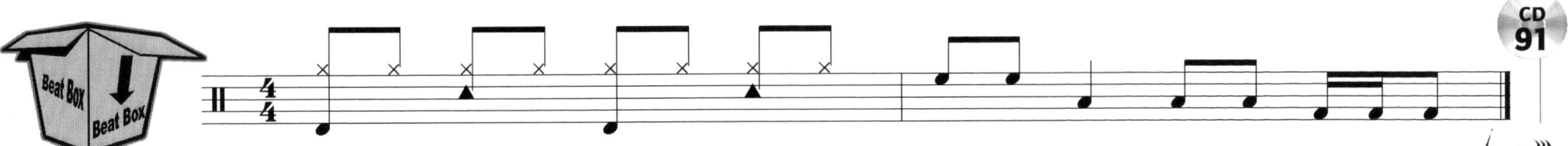

Bilder zum Ausmalen